Andrea Wilmes

Spiel- und Beschäftigungsangebote für Kinder und Jugendliche

Materialsammlung für sozialpädagogische und sozialpflegerische Berufe

1. Auflage

Bestellnummer 40191

Bildungsverlag EINS

Haben Sie Anregungen oder Kritikpunkte zu diesem Buch?
Dann senden Sie eine E-Mail an 40191@bv-1.de
Autorin und Verlag freuen sich auf Ihre Rückmeldung.

www.bildungsverlag1.de

Bildungsverlag EINS GmbH
Sieglarer Straße 2, 53842 Troisdorf

ISBN 978-3-427-**40191**-9

Inhaltsverzeichnis

Vorwort

Ausgangspunkt und Zielgruppe

Ausgangspunkt für die vorliegende Materialsammlung bildet das Lehrbuch „Fachpraxis Sozialpädagogik und Sozialpflege". Sie enthält und ergänzt die dort vorgestellten praktischen Vorschläge für die Arbeit mit Kindern und Jugendlichen aller Altersstufen in Familie, Kindertagesstätten und Jugendgruppen sowie spiel- und freizeitpädagogische Angebote für Menschen mit Behinderungen.

Diese Materialsammlung eignet sich:

- für den Einsatz im fachpraktischen Unterricht der Sozialhelfer und Kinderpflegerinnen,
- für sozialpädagogische Fachkräfte in Kindertagesstätten, Grundschulen, Jugendfreizeiteinrichtungen und heilpädagogischen Einrichtungen,
- für Eltern und andere Personengruppen, die Kinder mit und ohne Behinderung/en, Jugendliche und Erwachsene in Spiel und Freizeit begleiten.

Aufbau der Materialsammlung und Umgang mit den praktischen Vorschlägen

Jedes Kapitel enthält eine Sammlung erprobter, bekannter und weniger bekannter Spiele, Lieder und Kreativangebote für die entsprechende Altersgruppe.

Die einzelnen praktischen Vorschläge wurden thematisch geordnet und mit Alters-, Zeit- und Materialangaben versehen. Diese Angaben sowie die folgende Spiel- oder Darbietungsbeschreibung sind als Vorschläge zu verstehen, die entsprechend der jeweiligen Situation variiert werden können.

Ebenso können auch Spiele und Übungen, die für Kinder mit Behinderung/en ausgewiesen sind, je nach Spielsituation Kindern ohne Behinderung/en angeboten werden und umgekehrt.

Da die einzelnen Seiten perforiert wurden, besteht die Möglichkeit, sich für bestimmte Spielfolgen o. Ä., entsprechende Seiten herauszutrennen, in einer eigenen Spielmappe zu sammeln und auf einem gesonderten Blatt Variationsideen zu notieren.

Ich hoffe, mit dieser Materialsammlung allen Schülerinnen und Schülern, sozialpädagogischen und sozialpflegerischen Fachkräften und anderen Betreuern von Kindern, Jugendlichen und Erwachsenen mit und ohne Behinderungen eine anregende Praxishilfe für die eigene Arbeit an die Hände geben zu können und wünsche viel Freude und Erfolg beim Ausprobieren der Spiel- und Beschäftigungsvorschläge.

Andrea Wilmes

Legende

E Spiele für Erwachsene mit Behinderung

K Spiele für Kinder mit Behinderung

1 Spiele zum Kennenlernen

1.1 Lockerungsspiele für die Gruppe

1) *Name und Bewegung*
2) *Hatschi Bratschi*
3) *Freunde suchen*
4) *Namenball*
5) *Vorstellung mit Namen*
6) *Gesichter erraten*
7) *Kreuzworträtsel mit Namen*
8) *Begrüßungsspiel*
9) *Das Spinnennetz*
10) *Visitenkarte*

1.2 Partnerspiele zum Kennenlernen

11) *Partnersuche*
12) *Ringelspiel*
13) *Partnerinterview*
14) *Erinnerungs-Kartenspiel*
15) *Das bin ich*

1.3 Kennenlernspiele für Kleingruppen

16) *Atomspiel*
17) *Informations-Kartenspiel*
18) *Entdeckungsspaziergang*

Beim ersten Zusammentreffen einer Gruppe, egal ob es sich hierbei um Kinder, Jugendliche oder auch Erwachsene handelt, bewegen die einzelnen Gruppenmitglieder eine Reihe von Fragen, wie z. B.:

- Wen möchte ich näher kennenlernen?
- Wie soll ich mich verhalten, um mit ihm/ihr ein Gespräch zu beginnen?
- Was machen die anderen, wenn sie nicht hier sind?
- Was erwartet der Gruppenleiter/Lehrer von uns?

Kennenlernspiele können den Gruppenmitgliedern in ungezwungener Weise die Kontaktaufnahme und die Orientierung in der neuen Gruppe erleichtern. Durch diese Spiele können anfängliche Ängste und Unsicherheiten abgebaut werden. Sie dienen insbesondere dem Kennenlernen untereinander als auch der neuen Situation und Umgebung. Kennenlernspiele sind für alle Altersgruppen vom Kindergartenkind bis zum Senioren geeignet.

Einige Spielformen sollten in dieser Phase der ersten Orientierung nicht ausgewählt werden:

- Spiele, bei denen intensiver Körperkontakt von den einzelnen Mitspielern gefordert wird, da sich die meisten Gruppenmitglieder zunächst nur aus der Distanz betrachten und überlegen, mit wem sie auf Dauer engeren Kontakt wünschen.
- Spiele mit sehr persönlichen Fragen, da Gruppenmitglieder in der Anfangssituation zunächst herausfinden, wem sie persönliche Dinge erzählen möchten.
- Spiele, bei denen sich einzelne Mitspieler vor der Gesamtgruppe präsentieren müssen, da die Gruppenmitglieder zum größten Teil noch schüchtern und zurückhaltend in der Gruppe reagieren
- Spiele, die ein hohes Maß an bestimmten Bewegungen fordern (z. B. Tanzspiele), da viele Gruppenmitgliedern am Anfang peinlich berührt reagieren, wenn sie erzwungene rhythmische Bewegungen durchführen sollen.

Mit einer Gruppe, die sich nicht kennt, sollte man zunächst mit unverbindlichen und angstfreien Spielen beginnen, bei denen sich alle Gruppenmitglieder gleichermaßen beteiligen können, und der Einzelne sich in der Gesamtgruppe geschützt fühlt.

Folgende Spielformen können folgen:
- Kennenlernspiele für Paare, bei denen erstmalig intensivere Gespräche mit einer Person möglich werden,
- Kennenlernspiele für Kleingruppen.

1.1 Lockerungsspiele für die Gruppe

1) *Name und Bewegung*

Alter der Mitspieler:	ab 3 Jahren	**Spieldauer:**	ca. 10 Minuten
Anzahl der Mitspieler:	ca. 10	**Material:**	–

Die Gruppe bildet einen Kreis. Alle stellen sich nacheinander mit Vornamen und begleitenden Bewegungen (siehe Beispiel unten) vor. Die ganze Gruppe wiederholt gemeinsam den Vorstellungssatz und die entsprechenden Bewegungen.

Beispiel:

Ich (Spielerin zeigt mit dem Finger auf sich)
heiße (trampelt mit den Füßen)
Ja-ni-na (klatscht die einzelnen Silben des Namens)

Du (alle zeigen mit dem Finger auf Janina)
heißt (trampeln mit den Füßen)
Ja-ni-na (klatschen die einzelnen Silben des Namens) *(vgl. Baer u. a., 1997, Remscheider Spielkartei, N 1)*.

2) *Hatschi Bratschi*

Alter der Mitspieler:	3-6 Jahre	**Spieldauer:**	ca. 10 Minuten
Anzahl der Mitspieler:	ab 15	**Material:**	Stühle

Es wird ein Stuhlkreis gebildet. Es ist ein Stuhl weniger vorhanden als die Anzahl der mitspielenden Kinder. Ein Kind, das möchte, geht nach draußen vor die Tür. Innerhalb des Kreises erhält ein Mitspieler den Namen „Hatschi, Bratschi". Das Kind kommt wieder herein und fragt jeden Mitspieler: „Wie heißt du?" Gelangt es zu dem Kind, das „Hatschi, Bratschi" antwortet, wechseln alle ganz schnell ihre Plätze. Das Kind, das keinen Platz erwischt, geht nun nach draußen und das Spiel beginnt von vorne *(mündlich überliefert)*.

3) *Freunde suchen*

Alter der Mitspieler:	ab 5 Jahren	**Spieldauer:**	10 Minuten
Anzahl der Mitspieler:	ab 15	**Material:**	–

Alle Mitspieler gehen oder laufen beliebig durch den Raum. Der Spielleiter ruft eine Zahl zwischen zwei und fünf. Daraufhin müssen entsprechend viele Spieler eine Gruppe bilden. Diese Gruppe bewegt sich im Raum, bis der Spielleiter einen neue Zahl nennt. *(vgl. Thiesen, 2004, S. 32)*.

4) *Namenball*

Alter der Mitspieler:	ab 6 Jahren	**Spieldauer:**	10-20 Minuten
Anzahl der Mitspieler:	10-20	**Material:**	Joghurtbecher in der Anzahl der Spieler, Tischtennisball

Alle Spieler stehen im Kreis und haben einen Joghurtbecher in der Hand. Ein Mitspieler geht mit seinem Becher in die Mitte und erhält einen Tischtennisball. Er ruft laut einen Namen und wirft den Ball in die Luft. Der Aufgerufene versucht, den Ball mit seinem Becher zu fangen *(vgl. Baer u. a., 1997, Remscheider Spielkartei, N5)*.

5) *Vorstellung mit Namen*

Alter der Mitspieler:	ab 9 Jahren	**Spieldauer:**	je nach Gruppengröße ca. 20 Minuten
Anzahl der Mitspieler:	10-20	**Material:**	–

Die Spielleiterin beginnt und stellt sich vor: „Ich heiße Anna, wohne in Aachen und esse gerne Ananas“.
Der Name sollte stimmen, für Wohnort und Speise können all jene genommen werden, die mit dem Anfangsbuchstaben des Vornamens beginnen.
Reihum stellen sich alle auf diese Weise vor und wiederholen dabei alle bereits genannten Vorstellungen *(vgl. Baer u. a., 1997, Remscheider Spielkartei, N2)*.

6) *Gesichter erraten*

Alter der Mitspieler:	ab 9 Jahren	**Spieldauer:**	10 Minuten
Anzahl der Mitspieler:	20-30	**Material:**	Stoff oder Papierbahnen

In den Stoff oder die Papierbahnen werden Löcher oder Schlitze geschnitten, sodass Mitspieler durch diese Öffnungen schauen können. Die Gruppe wird geteilt; die einen laufen hinter der Bahn entlang und schauen durch die Öffnung – die anderen versuchen herauszufinden, um wen es sich handelt *(vgl. Baer u. a., 1997, Remscheider Spielkartei, N 6)*.

7) *Kreuzworträtsel mit Namen*

Alter der Mitspieler:	ab 9 Jahren	**Spieldauer:**	10 Minuten
Anzahl der Mitspieler:	10-20	**Material:**	Stifte, Papier (möglichst kariert)

Jeder Spieler erhält ein Blatt kariertes Papier. Die Spieler schreiben ihren Namen (Vorname und Nachname) senkrecht oder waagerecht auf das Papier. Jeder versucht nun, alle Namen der Gruppenmitglieder kreuzworträtselartig seinem Namen zuzuordnen *(vgl. Baer u. a., 1997, Remscheider Spielkartei, N 3)*.

8) *Begrüßungsspiel*

Alter der Mitspieler:	ab 10 Jahren	**Spieldauer:**	10 Minuten
Anzahl der Mitspieler:	ab 8 Teilnehmer	**Material:**	–

Alle gehen langsam durch den Raum. Der Spielleiter gibt verschiedene Anweisungen, wie z. B.:

- „Schließe Deine Hände beim Einatmen zu Fäusten und öffne sie beim Ausatmen, atme mehrmals tief ein und wieder aus!"
- „Gehe auf deine Art und in deiner Geschwindigkeit, schaue dabei auf den Boden!"
- „Bleibe stehen und atme tief ein und wieder aus. Bilde beim Einatmen mit deinen Händen Fäuste. Schau dir deine Mitspieler in deiner Nähe an und den Raum mit seinem beweglichen und unbeweglichen Mobiliar!"
- „Gehe weiter und begrüße einen anderen Mitspieler auf deine Art und sage: »Guten Tag«. Wenn du seinen Namen kennst, sprich ihn mit Namen an: »Guten Tag Peter, schön dich zu sehen!«"
- „Gehe weiter und begrüße andere Mitspieler, ändere dabei die Begrüßungsform!" (z. B. kannst du deine Hände auf die Schultern des anderen legen und ihn gleichzeitig begrüßen, ihm tief in die Augen blicken usw.)

Zum Schluss bilden alle Mitspieler einen großen Kreis, fassen sich an den Händen und wünschen sich miteinander einen schönen Tag *(vgl. Broich, 1997, S. 19)*.

9) *Das Spinnennetz*

Alter der Mitspieler:	ab 10 Jahren	**Spieldauer:**	je nach Gruppengröße ca. 15 Minuten
Anzahl der Mitspieler:	15-25	**Material:**	ein Wollknäuel, Stühle

Es wird ein Stuhlkreis gebildet. Der Spielleiter hat ein Wollknäuel in der Hand. Er nennt seinen Namen, hält das Ende des Wollknäuels fest und wirft dann das Wollknäuel einem anderen Mitspieler zu. So geht es kreuz und quer, bis alle sich vorgestellt haben *(vgl. Evers, 1994, S. 42)*.

10) *Visitenkarte*

Alter der Mitspieler:	ab 10 Jahren	**Spieldauer:**	je nach Gruppengröße ca. 20 Minuten
Anzahl der Mitspieler:	15-25	**Material:**	für jeden Spieler ein Kärtchen und ein Stift, ein kleines Körbchen

Jeder Spieler erhält ein Kärtchen und einen Stift. Er schreibt seinen Namen, sein Alter, seine Haarfarbe, Augenfarbe und seine Körpergröße auf. Alle fertig geschriebenen „Visitenkarten" werden in ein Körbchen gelegt und jeder Mitspieler zieht eine dieser Karten. Nacheinander werden die aufgeschriebenen Details vorgelesen und die Gruppe versucht, anhand dieser Beschreibung die entsprechende Person ausfindig zu machen *(vgl. Evers, 1994, S. 44)*.

1.2 Partnerspiele zum Kennenlernen

11) *Partnersuche*

Alter der Mitspieler:	ab 4 Jahren	**Spieldauer:**	ca. 10 Minuten
Anzahl der Mitspieler:	11-15	**Material:**	Kassettenrecorder/CD-Player und MC/CD

Alle Mitspieler gehen durch den Raum, während Musik gespielt wird. Dann stoppt die Musik und die Spielleiterin gibt die Anweisung: „Such dir einen Partner und gib ihm die Hand!“ oder „Such dir einen Partner und nenne deinen Namen!“ Wenn die Musik einsetzt, gehen alle wieder durch den Raum *(vgl. vom Wege/Wessel, 2001, S. 41)*.

12) *Ringelspiel*

Alter der Mitspieler:	ab 10 Jahren	**Spieldauer:**	ca. 20 Minuten
Anzahl der Mitspieler:	ab 16 (gerade Anzahl)	**Material:**	–

Die Gruppe der Mitspieler wird geteilt. Es wird ein Innen- und ein Außenkreis gebildet, sodass sich jeweils zwei Mitspieler gegenüberstehen und ansehen.

Der Spielleiter nennt nun eine bestimmte persönliche Frage, die sich die Spielpartner wechselseitig beantworten. Anschließend gehen alle Teilnehmer des Innenkreises einen Partner nach rechts weiter und der Spielleiter stellt eine weitere Frage, die sich die jeweils neuen Partner wechselseitig beantworten.

Mögliche Fragebeispiele:

- Wie ist mein vollständiger Name?
- Wo wohne ich?
- Was erwarte ich von dieser Gruppe?
- War ich aufgeregt, bevor ich hier ankam?

- Was will ich hier?
- Was habe ich heute schon erlebt?
- Gefällt es mir hier?
- Worauf könnte ich eher verzichten?

- Was gefällt mir an dir?
- Was ist dir an mir zuerst aufgefallen?
- Was möchtest du noch von mir erfahren?
- Was möchte ich noch von den anderen Teilnehmern erfahren? *(vgl. Broich, 1997, S. 20)*

13) Partnerinterview

Alter der Mitspieler:	ab 12 Jahren	**Spieldauer:**	ca. 40 Minuten
Anzahl der Mitspieler:	10-20	**Material:**	eventuell Stifte und Papier zum Notieren der Antworten

Paare setzen sich zusammen und interviewen sich ca. 20 Minuten gegenseitig.
Danach kommen alle wieder im Plenum zusammen. Jeder Teilnehmer stellt der Gruppe seinen Partner anhand der Informationen vor, an die er sich erinnern kann.

Beispielfragen für die Partnerinterviews:
Name (Spitzname):
Alter:
Geschwister (auch Reihenfolge):
Wohnort:
Hobbys:
Erwartungen an die Gruppe/Klasse:

(vgl. Bundesjugendwerk der AWO, 1982, S. 35)

14) Erinnerungskarten-Spiel

Alter der Mitspieler:	ab 12 Jahren	**Spieldauer:**	ca. 30 Minuten
Anzahl der Mitspieler:	bis maximal 12 Spieler, bei mehr Spielern sollte man die Gruppe teilen	**Material:**	ein Blatt DIN A4 und farbige Stifte für jeden Spieler

Jeder Spieler wird aufgefordert, eine Erinnerungskarte von sich zu malen. Sie sollte Skizzen, Wörter und Bilder enthalten von z. B. dem Wohnort, den Hobbys oder Personen, mit denen er etwas zu tun hat.
Eine Karte kann aus einem ganzen Bild oder aber aus vielen kleinen Bildern bestehen. Kurze erklärende Stichworte können diese ergänzen.
Es bilden sich Paare, und jeder stellt in der Gruppe die Karte des Partners so vor, als ob er sie selbst gemalt hätte. Der Partner kann anschließend sagen, ob er „richtig" vorgestellt wurde.
Der „Autor" kann die Vorstellung auch ergänzen. Nachfragen von allen sind erlaubt und erwünscht *(vgl. Bundesjugendwerk der AWO, 1982, S. 34)*.

15) Das bin ich

Alter der Mitspieler:	ab 12 Jahren	**Spieldauer:**	ca. 30 Minuten
Anzahl der Mitspieler:	beliebig große Gruppen zu Paaren aufgeteilt	**Material:**	Tapetenrolle o. Ä. oder Vorlage, Filzstifte, Tesakrepp

Die Mitspieler bilden Paare. Wechselseitig zeichnen sie die Umrisse ihres Partners auf die Tapetenrolle. Dazu legt sich der jeweilige Partner auf das Papier, damit der Zeichner um den Körper mit einem Filzstift herumfahren kann. (Alternativ kann auch Vorlage 1, CD benutzt werden).
Jetzt füllt jeder Teilnehmer „seinen Körper" mit Leben, indem er z. B. Folgendes hineinschreibt oder skizziert:

- Hier lebe ich
- Das sind meine Lieblingsbeschäftigungen
- Das habe ich mir in nächster Zeit vorgenommen
- Das mag ich überhaupt nicht usw.

Ist die Zeichnung fertiggestellt, wird sie dem Partner erläutert, der dazu Fragen stellen kann.
Zum Schluss werden alle Zeichnungen aufgehängt, die Gruppe geht herum und kann zu einzelnen Zeichnungen ebenfalls Fragen stellen *(vgl. Bundesjugendwerk der AWO, 1982, S. 33)*.

1.3 Kennenlernspiele für Kleingruppen

16) *Atomspiel*

Alter der Mitspieler:	ab 12 Jahren	**Spieldauer:**	ca. 10-15 Minuten
Anzahl der Mitspieler:	ab 15	**Material:**	Kassettenrecorder/CD-Player und MC/CD

Alle Mitspieler gehen durch den Raum, während Musik gespielt wird. Dann stoppt die Musik, und die Spielleiterin ruft z. B. „Drei Atome." Es bildet sich eine Kleingruppe mit der entsprechenden Personenzahl, wobei die Gruppenbildung möglichst spontan und schnell geschehen sollte. Die Mitspieler in der „Atomgruppe" nennen außer ihrem Namen drei Dinge und/oder Eigenschaften, die wichtig für sie sind. (Beispiel: „Anna, Tanzen, Spaghetti, Schule"). Danach gehen alle wieder auseinander, bewegen sich einzeln zur Musik, bis die Spielleiterin die nächste Atomzahl ruft *(vgl. Baer, 1995, S. 44)*.

17) *Informations-Kartenspiel*

Alter der Mitspieler:	ab 12 Jahren	**Spieldauer:**	ca. 20 Minuten
Anzahl der Mitspieler:	Kleingruppen mit jeweils 6 Teilnehmern	**Material:**	vorbereitete Fragekarten

Die Karten werden verdeckt auf den Tisch gelegt. Reihum zieht jeder eine Karte und stellt an einen Mitspieler seiner Wahl die Frage, die auf der Karte steht.

Nachfragen, Gespräche, eigene Stellungnahmen sind nicht nur erlaubt, sondern erwünscht *(vgl. Bundesjugendwerk der AWO, 1982, S. 36)*.

Fragebeispiele:

- Was machst du, wenn du nicht hier bist?
- Was verbindest du mit deinem Namen? Gibt es ein bestimmtes Erlebnis damit, das du uns erzählen möchtest?
- Welche Musikrichtung magst du am liebsten?
- Könntest du dir vorstellen, einmal bei einer Talkshow dabei zu sein? Über welches Thema würdest du gerne sprechen?
- Was würdest du machen, wenn du im Lotto eine große Summe gewinnen würdest?
- Gibt es eine bestimmte Speise, die du nicht magst? Welche?
- Warum hast du dich entschieden, hierher zu kommen? Was erwartest du von der Gruppe?
- Gibt es einen Film, den du gesehen hast, von dem du etwas Interessantes erzählen möchtest?
- Welche Eigenschaften schätzt du an anderen Leuten besonders?
- Was hast du dir von diesem heutigen Tag und dem Zusammentreffen in der Gruppe erhofft?

18) *Endeckungsspaziergang*

Alter der Mitspieler: ab 10 Jahren
Anzahl der Mitspieler: Kleingruppen mit jeweils 3-5 Teilnehmern
Spieldauer: ca. 20 Minuten
Material: vorbereitete Aufgabenzettel in einem Briefumschlag und Gestaltungs- und Schreibmaterial entsprechend dieser Aufgaben

Jede Kleingruppe enthält einen zugeklebten Briefumschlag mit 3-5 Gruppenaufgaben. Mindestens eine Gruppenaufgabe sollte dabei sein, bei der die Gruppe gemeinsam etwas herstellen muss, was sie der Gesamtgruppe später präsentieren kann.

Beispiele für Gruppenaufgaben:

- Erfindet eine originelle Maßeinheit und stellt fest, wie lang ein bestimmter Flur oder wie groß ein bestimmter Raum ist.
- Geht zusammen in die Bücherei. Jeder wählt ein Buch aus, das er später im Plenum kurz vorstellt.
- Sucht einen bestimmten Raum (z. B. den Biologieraum). Was könnt ihr sehen, wenn ihr aus den Fenstern dieses Raumes schaut?
- Gestaltet aus verschiedenen Zeitschriften ein Werbeplakat für diese Veranstaltung, Ausbildung o. Ä. *(vgl. Bundesjugendwerk der AWO, 1982, S. 36)*.

Platz für Notizen

2 Spiel- und Beschäftigungsangebote für Kinder im Alter von null bis drei Jahren

2.1 Spielzeug, das sich leicht selbst herstellen lässt

19) *Die Kette zum Hinschauen*
20) *Mobiles*
21) *Ringklapper*
22) *Kochlöffelkastagnetten*
23) *Schlange aus Papierrollen zum Nachziehen*
24) *Tiere zum Nachziehen*
25) *Erstes Farbzuordnungsspiel*
26) *Die ersten Puzzlespiele*
27) *Einpasspuzzle*
28) *Hampelteddy*
29) *Schnuffeltier*

2.2 Spiele am Wickeltisch

30) *Tupf, tupf, tupf*
31) *Der ist ins Wasser gefallen*
32) *Einmal hoch und einmal tief*
33) *Herr Pinz und Herr Panz*
34) *Das ist der Daumen*

2.3 Einfache Fingerspiele

35) *Da kommt ein Bär*
36) *Das ist das Kleinchen*
37) *Geht ein Mann die Treppe 'rauf*
38) *Wir klettern*
39) *Da hast' einen Taler*
40) *Das ist das Mäuschen*

2.4 Einfache Bewegungsspiele

41) *Ballonkette*
42) *Wer kommt in meine Arme?*
43) *Der Kissenweg*
44) *Barfuß durch den Matsch*
45) *Tunnelkrabbeln*
46) *Rollmops*

2.5 Fantasiespiele

47) *Der Verkleidungskorb*
48) *Der Kaufmannsladen*
49) *Die Schönheitsecke*
50) *Puppenwäsche*
51) *Fische angeln*
52) *Das eigene Haus*
53) *Die Lokomotive*
54) *Die Hupe*
55) *Wolkengeschichten*

2.6 Lieder für Kleinkinder

56) *Eselchens Traumreise*
57) *Ich bin ein dicker Tanzbär*
58) *Kräht der Hahn früh am Tag*
59) *Wie das Fähnchen auf dem Turme*
60) *Backe, backe Kuchen*

2.1 Spielzeug, das sich leicht selbst herstellen lässt

Bei allen selbsthergestellten Spielzeugen, gerade für das Säuglingsalter, müssen bestimmte Aspekte wie die Folgenden beachtet werden:

- Scharfe Ecken oder Kanten, an denen sich das Kind verletzen kann, sind unbedingt zu vermeiden!
- Das Spielzeug darf nicht so klein sein, dass das Kind es verschlucken kann!
- Spielzeug zum Hinschauen muss reißfest und sicher sein und hoch genug angebracht werden!

*19) **Die Kette zum Hinschauen** (Säuglingsalter)*

In einige Holzwäscheklammern (sechs bis acht) werden Löcher gebohrt, diese werden dann aufgefädelt und im Abstand von ca. zehn cm an eine Kordel oder Schnur geknotet. In Kopfhöhe des Kindes wird sie über das Bett gespannt.
An die Klammern können dann immer wieder andere Gegenstände befestigt werden, die das Kind beobachten kann, wie z. B.:

- farbige Plastikgegenstände, z. B. ein Messlöffel für den Babybrei, eine Tasse usw.,
- bunte Krepppapierbänder,
- Taschentücher,
- Wollknäuel in den Grundfarben,
- verschiedenfarbige Waschlappen u. a. m.,

Variation:
Es können zur Abwechslung auch Gegenstände angehängt werden, die ein (angenehmes) Geräusch von sich geben, wie z. B. kleine Glöckchen *(vgl. Horak, 1993, S. 22)*.

*20) **Mobiles** (Säuglingsalter)*

Es gibt verschiedene Aufhängevorrichtungen für Mobiles, die z. B. mit bunter Zauberwolle, ausgesägten und bemalten Holzmotiven behängt werden können.

Hier einige Beispiele:

- Kleiderbügel: An den Bügel werden verschieden lange Bänder mit Motiven gehängt.
- Ast: Ein stark verzweigter Ast (z. B. Korkenzieherhasel) wird mit verschiedenen Motiven behängt.
- Astreifen: Ein von Seitentrieben befreiter langer dünner Baum- oder Buschzweig wird in warmem Wasser eingeweicht, dann zu einem Reifen gebogen und mit Garn zusammengebunden. Auch hieran lassen sich gut verschiedene Objekte befestigen *(vgl. Horak, 1993, S. 28)*.

21) ***Ringklapper*** *(Säuglingsalter)*

Es werden einige große bunte Holzperlen (ca. fünf) auf eine feste Schnur gefädelt. Diese wird dann um einen Vorhangring gebunden. Schüttelt das Kind diese Klapper, macht das herrlichen Krach *(vgl.Horak, 1993, S. 29)*.

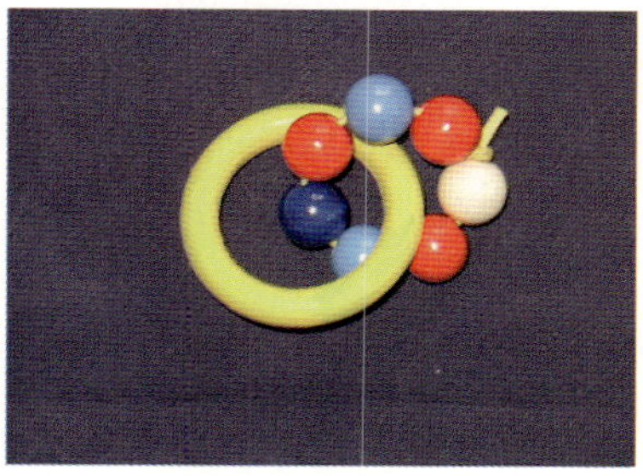

22) ***Kochlöffelkastagnetten*** *(Säuglingsalter)*

Es werden drei Kochlöffel benötigt. Von zwei Kochlöffeln sägt man die Stiele ab. Dann wird in jedes Schöpfteil ein Loch gebohrt und die drei Teile mit einer festen Schnur verbunden. Das Kind liebt es, damit herrlich laute Geräusche zu machen *(vgl. Horak, 1993, S. 29)*.

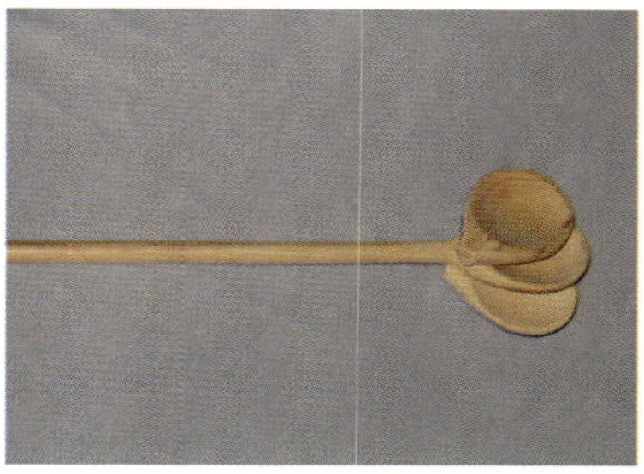

23) ***Schlange aus Papierrollen zum Nachziehen*** *(zweites Lebensjahr)*

Mit dem Kind gemeinsam werden einige Toilettenpapierrollen mit Fingerfarbe bemalt. Alle Rollen werden mithilfe einer Schnur verbunden, die man am Ende ca. einen Meter überhängen lässt. Der Schlangenkopf kann dann noch mit Augen und Zunge beklebt werden *(vgl. Horak, 1993, S. 82)*.

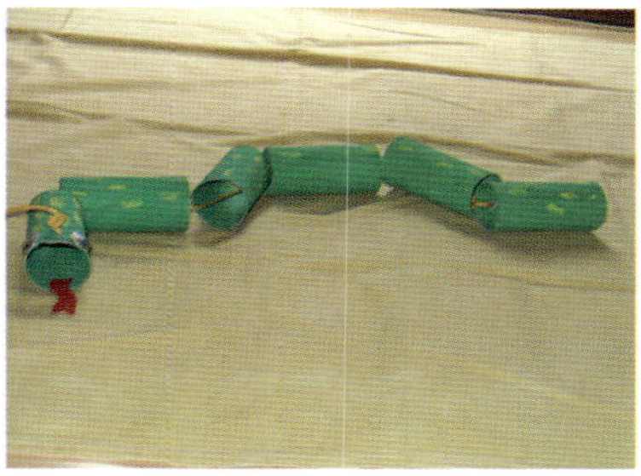

24) ***Tiere zum Nachziehen*** *(zweites Lebensjahr)*

Eine Schachtel wird mit Fellresten o. Ä. beklebt und das Gesicht eines beliebigen Tieres gestaltet. In den unteren Teil der Schachtel wird ein Loch geschnitten und ein Ball hineingelegt, der so groß ist, dass er noch ein bisschen zu sehen ist. Das Kind kann das Tier so gut nachziehen *(vgl. Horak, 1993, S. 83)*.

25) *Erstes Farbzuordnungsspiel* *(drittes Lebensjahr)*

Es werden Kordeln in zwei oder drei verschiedenen Farben gedreht (z. B. in den Grundfarben: Blau, Gelb und Rot) und zu Kreisen auf den Fußboden gelegt. Das Kind wird aufgefordert, Dinge im Raum zu suchen, die jeweils die gleiche Farbe haben wie die Kordeln. Es legt dann die Gegenstände in die entsprechenden Farbkreise.

26) *Die ersten Puzzlespiele*

Es werden sehr einfache Motive auf dicke Pappe oder Holz gemalt und folgendermaßen auseinander gesägt oder zerschnitten:

- Durch Längs-, Quer- oder Diagonalteilung,
- durch Ausschneiden oder Aussägen erkennbarer Einzelteile einer Puzzlefigur (z. B. Tasse und Untertasse, Türen, Fenster und Dach eines Hauses).

Als Motive eignen sich große, klare, einfache Abbildungen mit einem Bezug zum Kinderalltag, wie sie in Vorlage 9 auf der CD dargestellt sind. Hierzu zählen:

- ein Haus,
- ein Ball,
- Sandspielzeug,
- eine Puppe,
- eine Tasse,
- bekannte Tiere, wie Katze, Hund und Badeente,
- ein Nachziehpferdchen,
- ein Lastwagen usw. *(vgl. Horak, 1993, S. 91)*

27) *Einpasspuzzle*

Material: zwei Sperrholzplatten (ca. 70 x 13 cm), Schmirgelpapier, Farbe, Klarlack, Pinsel, Laubsäge, sechs Holzperlen (Ø 1,5 cm) und passende Schrauben

Auf eine der beiden Holzplatten werden sechs einfache Motive, wie z. B. die geometrischen Formen der Vorlage 2 auf der CD, aufgezeichnet, ausgesägt, mit dem Schmirgelpapier abgeschliffen, von beiden Seiten angemalt und lackiert. Ebenso werden die beiden Holzbrettchen abgeschliffen und lackiert.

Achtung: Damit die Einpassfiguren später gut einzulegen sind, werden die entsprechenden Lochrahmen sehr großzügig abgeschliffen.

Die beiden Holzbretter werden dann übereinandergelegt und eventuell noch einmal nachgeschliffen und nachlackiert. Zum Schluss schraubt man die Holzperlen als Griffe zentriert auf die einzelnen Einpassfiguren.

28) Hampelteddy

Material: eine Sperrholzplatte (ca. 20 x 30 cm), Schmirgelpapier, Deckfarbe, Klarlack, Pinsel, Laubsäge, Zug- und Verbindungsschnüre, vier große Splinte, eine große Holzperle

Die einzelnen Hampelfigurenteile (siehe Vorlage 3) werden auf eine Sperrholzplatte aufgemalt, ausgesägt, abgeschliffen und die angezeichneten Bohrungen mit einem Holzbohrer vorgenommen. Dann wird der Teddy mit Deckfarben bemalt, nach dem Trocknen der Farbe lackiert und der Kopf an die Anstoßlinie geklebt.
Zum Schluss werden die einzelnen Teile locker mit Zwirn und mit den großen Splinten verbunden, sodass der Teddy hampeln kann. Zum Ziehen wird eine große Perle angeknotet.

29) Schnuffeltier

Material: jeweils ca. 50 x 80 cm Fleece- und bunter Baumwollstoff, einfarbiger Frotteerest für die Nase, schwarzes Stickgarn für die Augen, etwas Füllwatte, diverses Nähmaterial

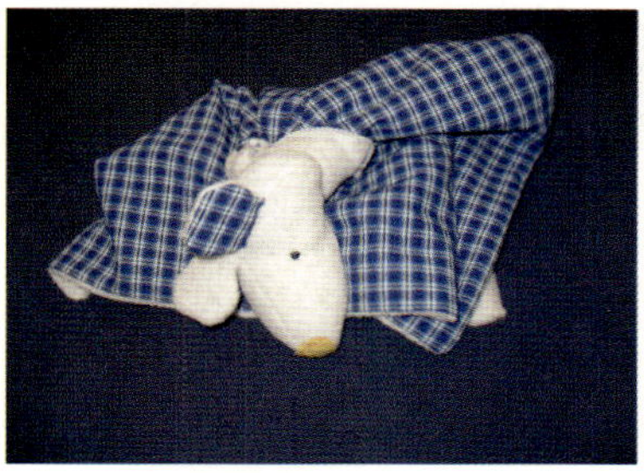

Die drei Kopfteile werden entsprechend der Angaben auf der Vorlage 4 ausgeschnitten und zusammengenäht (Nahtzugabe einrechnen!), wobei man zunächst eine kleine Öffnung zum Einfüllen der Watte lässt.
Die Ohrenteile legt man aufeinander. Sie werden der Länge nach zusammengenäht, auch hier bleibt der untere Teil zunächst offen und wird erst nach dem Wenden zusammengeheftet und dann am Kopf befestigt. Die Augen werden aufgestickt, das runde Näschen angeheftet.
Für den Körper wird ein buntes Baumwolltuch und ein einfarbiges Fleecetuch (jeweils 40 x 40 cm) wie die Ohren zusammen genäht und leicht an den Kopf geheftet. Zum Schluss erhält das Schnuffeltier aus einem Stoffrest, der mit farbigem Garn ordentlich versäubert wird, ein kleines Halstuch.

2.2 Spiele am Wickeltisch

Das Wickeln sollte mehr sein als nur eine verpflichtende pflegerische Handlung.
Gerade beim Säubern und Pflegen des Kindes bieten sich Möglichkeiten zur Kontaktaufnahme durch Blicke, Unterhaltungen und kleine Spiele.

30) Tupf, tupf, tupf

Alter: ab ca. 6 Monaten

Während das Baby eingecremt wird, kann dieser Vers gesprochen werden:

„Tupf, tupf, tupf,
was ist denn das?
Tupf, tupf, tupf,
Das macht ja Spaß!
Tupf, tupf, tupf,
Es wird nicht bleiben,
Tupf, tupf, tupf,
Ich werd´s – verreiben!" *(Horak, 1993, S. 31)*

31) Der ist ins Wasser gefallen

Alter: ab ca. 6 Monaten

Bei dem nachfolgenden Spiel werden die einzelnen Zehen des Säuglings angetippt oder sanft jeder Zeh vom Grundgelenk bis zur Spitze ausgestreift. Dabei wird langsam folgender Text gesprochen:

„Der ist ins Wasser gefallen,
der hat ihn herausgezogen,
der hat ihn ins Bett gelegt,
der hat ihn zugedeckt,
und der kleine Schelm
hat ihn wieder aufgeweckt." *(Wilmes-Mielenhausen,1996, S. 64)*

32) Einmal hoch und einmal tief

Alter: ab ca. 1 ½ Jahren

„Einmal hoch und einmal tief,	Man hebt und senkt die Arme des Kindes.
einmal gerade, einmal schief,	Die Arme werden gerade hoch und dann abwechselnd zu beiden Seiten gehalten.
einmal dunkel, einmal hell,	Dem Kind werden ganz sacht die Hände vor die Augen gehalten und dann wieder weggenommen.
einmal langsam, einmal schnell."	Die Hände lässt man langsam und schnell auf der Wickelunterlage patschen. *(Wilmes-Mielenhausen,1996, S. 75)*

Variation: Das Kind liegt auf dem Wickeltisch und die Füßchen werden entsprechend der Verszeilen bewegt.

33) Herr Pinz und Herr Panz

Alter: ab ca. 1 Jahr **Material:** 2 einfarbige Taschentücher o. Ä., ein Stift, um ein Gesicht anzudeuten

Es wird jeweils an einen Taschentuchzipfel der beiden Tücher ein lockerer Knoten gebunden, durch den die Zeigefinger gesteckt werden. Eventuell erhalten die so entstandenen Tuchpüppchen auch noch ein wenig festgelegtes Gesicht (**Merke:** Ein sehr ausdifferenziertes Gesicht lässt nur wenig Raum für die kindliche Fantasie!).
Will man das Spiel akustisch unterstützen, können Pinz und Panz zusätzlich kleine Glöckchen umgehängt werden.

„Herr Pinz und Herr Panz,	
die gehen zum Tanz. Es gehen zum Tanz, Herr Pinz und Herr Panz.	Passend zu diesen Zeilen werden die Zeigefinger bewegt.
Erst gehen sie rechts herum,	Mit den Püppchen wird erst die rechte,
dann gehen sie links herum,	dann die linke Körperseite berührt.
erst gehen sie hinauf,	Die Püppchen werden von den Füßen aufwärts bis zum Kopf geschoben,
dann gehen sie hinab,	dann lässt man sie hinabrutschen.
und am Ende machen beide	Zum Schluss werden die Püppchen schnell von den Händen abgestreift und
Klipp-di-klapp,	es wird in die Hände geklatscht.
Klipp-di-klapp!"	*(Wilmes-Mielenhausen,1996, S. 69)*

Variation: Das Kind liegt auf dem Wickeltisch und die Füßchen werden entsprechend der Verszeilen bewegt.

34) Das ist der Daumen

Alter: ab ca. 6 Monaten

Bei dem nachfolgenden Spiel werden die einzelnen Finger des Säuglings angetippt oder die einzelnen Zeilen mit einer kleinen Handmassage verbunden, indem jeder Finger aufwärts über Grund- und Mittelgelenk bis zur Fingerspitze gestreichelt wird und dann der jeweilige Fingernagel sanft gedrückt wird.
Der kleine Spruch bietet sich auch als Ablenkung bei dem lästigen Nägelschneiden an *(vgl.Wilmes-Mielenhausen,1996, S. 64)*.

Das ist der Daumen,
der schüttelt die Pflaumen,
der hebt sie auf,
der trägt sie nach Haus,
und der kleine Schelm
isst sie alle auf.

2.3 Fingerspiele

Bei Fingerspielen genießt das Kind, ähnlich wie bei den Spielen am Wickeltisch, die Zuwendung des Erwachsenen. Reim und körperliche Berührung erfreuen das Kind.
Im dritten Lebensjahr können einfache Fingerspiele dann auch von Erwachsenem und Kind gemeinsam durchgeführt werden.

Tipp: Kleine Requisiten wie aufgesetzte Fingerhüte, aufgemalte Gesichter auf den Fingern, Fingerpüppchen usw. können ein Fingerspiel für das Kind zu einem lustigen Erlebnis werden lassen.

35) Da kommt ein Bär

Bei dem folgenden Fingerspiel geht man mit den Fingern langsam bis an den Hals des Kindes und krault es schließlich unter dem Kinn:

„Da kommt ein Bär,
er tappt daher
und fragt, wo mein lieber (Name des Kindes sprechen) wär?"
(Arndt/Singer, 1980, S. 48)

36) Das ist das Kleinchen

Bei diesem Fingerspiel fasst der Erwachsene beim Sprechen jeden Finger des Kindes an. Es wird mit dem kleinen Finger begonnen, am Schluss lässt man den Daumen nicken:

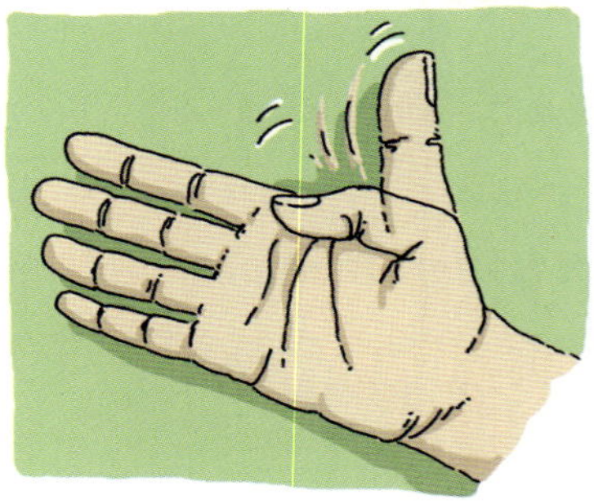

Das ist das Kleinchen,
das ist das Beinchen,
das ist der lange Mann,
das ist der Zeigermann,
das ist der dicke Mann,
der so schön nicken kann. *(mündlich überliefert)*

37) Geht ein Mann die Treppe 'rauf

Bei diesem Fingerspiel wandern Mittel- und Zeigefinger den Arm des Kindes hinauf. Es wird folgender Text gesprochen:

Geht ein Mann die Treppe `rauf,
klopft an,
bim bam: Es wird leicht am Ohrläppchen gezogen.
„Guten Tag Herr Nasenmann!" Die Finger wandern bis zur Nase und ganz sacht wird sie hin und her bewegt. *(mündlich überliefert)*

38) *Wir klettern*

Bei diesem Fingerspiel streckt das Kind den Arm aus und der Erwachsene krabbelt vom Ellbogen des Kindes mit den Fingern einer Hand bis zum Daumen und spricht dabei langsam und deutlich folgenden Text:

„Steigt die/der (Name des Kindes nennen) auf den Baum,	Man beginnt vom Ellbogen aus zur geöffneten Hand zu krabbeln.
sehr hoch, sehr hoch man sieht sie/ihn kaum,	Der Daumen wird berührt.
hüpft von Ast zu Ast,	Die einzelnen Finger werden angetippt.
guckt ins Vogelnest.	Der Handteller wird berührt.
Huh, da lacht es! Hui, da kracht es! Hei, da fliegt es auch,	Die eigene Hand wird auf dem Handteller des Kindes hin und her bewegt.
plumps, liegt es auf dem Bauch."	Die Hand landet mit einem Ruck neben dem Kind. *(Beermann/Bort, 1996, Mini Spielkartei, F4)*

39) *Da hast einen Taler!*

Dem Kind wird ein Fantasiegeldstück auf den Handteller gelegt. Dabei wird folgender Vers gesprochen:

Da hast einen Taler,	
geh' auf den Markt,	Die Hand des Kindes wird geschlossen.
kauf dir 'ne Kuh,	
ein Kälbchen dazu.	
Kälbchen hat ein Schwänzchen,	Zunächst wird über die Hand des Kindes gestreichelt,
macht didel, didel, dänzchen.	dann mit zwei Fingern in der Handfläche gekrabbelt. *(mündlich überliefert)*

40) *Das ist das Mäuschen*

Dieses Fingerspiel kann gemeinsam mit dem Kind im dritten Lebensjahr durchgeführt werden. Der Text sollte betont langsam gesprochen werden, damit Text und Bewegung für das Kind gut nachvollziehbar sind:

„Das ist das Mäuschen	Der ausgestreckte Daumen wackelt über der Faust hin und her,
schlüpft in das Häuschen	der Daumen kriecht in die Faust hinein,
guckt wieder raus	der Daumen wird wieder hochgestreckt,
hier ist die Maus!"	der Daumen wackelt hin und her. *(Beermann/Bort, 1996, Mini Spielkartei, F4)*

2.4 Einfache Bewegungsspiele

Wenn das Kind Laufen gelernt hat, entdeckt es recht schnell weitere Bewegungsformen, die es ausprobieren möchte wie Klettern, Hüpfen, Balancieren, Rutschen usw. Diese Funktionslust des Kindes kann durch kleine Spiele unterstützt werden

41) **Ballonkette** *(Bewegungsspiel im Raum)*

Material: einige Luftballons, eine Schnur zum Befestigen der Ballons

Es werden einige Ballons aufgeblasen und an einer Schnur in Kopfhöhe des Kindes/der Kinder aufgehängt. Die Kinder können nun nach Belieben darunter herlaufen, sie leicht berühren usw.

42) **„Wer kommt in meine Arme?"** *(Bewegungsspiel im Freien)*

Draußen beim Spaziergang geht der Erwachsene ein kleines Stück vor, dreht sich um, breitet seine Arme aus und ruft: „Wer kommt in meine Arme?" Das Kind läuft auf den Erwachsenen zu, der es hochhebt und ein paar Mal im Kreis herumwirbelt.

43) **Der Kissenweg** *(Bewegungsspiel in einem möglichst großen Raum)*

Material: sieben oder mehr Kissen

Es werden viele Kissen hintereinander gelegt und das Kind/die Kinder und der Erwachsene versuchen gleichermaßen über die Kissen zu laufen, ohne abzurutschen.

Variationen:
Es wird ein Kissen weggenommen und versucht, über die Lücke zu springen.
Das Kind rutscht mit einem Kissen um die anderen Kissen herum,
zum Schluss wird ein großer Berg aus allen Kissen aufgetürmt, dessen „Gipfel" die Kinder nacheinander zu erklimmen versuchen.

44) **Barfuß durch den Matsch** *(Bewegungsspiel im Freien)*

Alle beteiligten Kinder und der Erwachsene ziehen Schuhe und Strümpfe aus und gehen durch nassen Sand (z. B. am Strand).
Die Kinder werden an die Hand genommen, und alle patschen zum Rhythmus des folgenden Verses in den Sand hinein:

„Pitsch, patsch, patsch
Barfuß durch den Matsch!
Der Matsch quatscht durch die Zehen,
das stört nicht, wir gehen
fröhlich durch den Matsch,
pitsch, patsch, patsch." *(Lübben-Chambi, Jackson, 2001, S. 74).*

45) ***Tunnelkrabbeln*** *(Bewegungsspiel in einem großen Raum oder im Freien)*

Material: Tische, Stühle, Tücher und Decken

Gemeinsam mit dem Kind/den Kindern wird ein Tunnel gebaut, indem mehrere Tische und Stühle aneinander gestellt und mit Decken und Tüchern überworfen werden. Das Kind/die Kinder krabbelt/krabbeln durch den Tunnel und nimmt/nehmen ein Spielzeug (z. B. ein Klötzchen) mit, das es/sie am Ende des Tunnels ablegen soll/sollen *(vgl. Singerhoff, Stiefenhofer, 2004, S. 83).*

46) ***Rollmops*** *(Bewegungsspiel in einem größeren Raum mit Teppichboden oder auf der Wiese)*

Es werden alle Möbel zur Seite gestellt, damit eine große Fläche zum Rollen vorhanden ist. Der Erwachsene oder zwei andere Kinder rollen ein Kind, das sich stocksteif macht, vorsichtig durch den Raum oder über die Wiesenfläche *(vgl. Singerhoff, Stiefenhofer, 2004, S. 88).*

2.5 Fantasiespiele

Schon zu Beginn des zweiten Lebensjahres wiederholt das Kind eigene erworbene Verhaltensformen oder bei den Erwachsenen beobachtetes Verhalten. Bald werden auch Symbole eingeführt: ein großer Pappkarton wird zum Haus, ein Blatt zum Teller, ein kleiner Wurfreifen und ein Stuhl zu einem Auto.
Diese Gegenstände können immer wieder ihre Bedeutung ändern.
Dann übernimmt das Kind selbst kleine Rollen mit zunächst noch ganz kurzen Episoden und Szenen. So spielt es z. B. Essen zubereiten, Schlafen legen, Autofahren. Dabei tut es nicht nur so, als wäre es eine andere Person, sondern es fühlt sich im Spiel auch wirklich als diese Person. Nun kann es Dinge tun, die ihm als Kind nicht möglich sind, wie z. B. das Geschwisterchen ins Bett bringen, Auto fahren.
Dieses wichtige Nachspielen von erworbenen Eindrücken kann durch bestimmte Anregungen gefördert werden.

47) Der Verkleidungskorb

Material: Tücher, Gewänder, Hüte, Erwachsenenschuhe oder Stiefel usw.

Das zwei- bis dreijährige Kind kann noch nicht so in fremde Rollen schlüpfen, wie wir es beispielsweise bei einem Vierjährigen beobachten können. Dennoch liebt es bereits Requisiten zum Verkleiden. Stellen Sie dem Kind deshalb einige Kleidungsstücke in einem „Verkleidungskorb" zur Verfügung.

Anmerkung:
Stellen Sie keine Schuhe oder Stiefel mit hohen Absätzen zur Verfügung.
Arbeiten Sie in die Gewänder einen Gummizug ein, damit sich das Kind selbständig umziehen kann *(vgl. Horak, 1993, S. 114-115).*

48) Der Kaufmannsladen/Einkaufen

Mögliche Materialien für den ersten Kaufmannsladen:
Einkaufstaschen, Körbchen, Becher zum Aufbewahren und Umfüllen der „Waren", leere, zugeklebte Lebensmittelschachteln, Dosen mit Schraubverschluss, Holzobst, Naturmaterialien, wie Kastanien, Nüsse, große Mehlschaufeln und vieles mehr.

Zwei- bis Dreijährige können Einkaufssituationen zwar noch nicht im Einzelnen ganz und gar begreifen, spielen diese aber dennoch gerne auf ihre Art und Weise nach.
Das Umfüllen von Materialien wie Sand, Reis u. Ä., das bereits das jüngere Kleinkind liebt, erfährt in diesem Spiel eine Erweiterung.
Alles kann zu allem werden. So schüttet das Kind z. B. kleine Steinchen von einer Dose in eine andere, und diese werden für das Kind zu Kirschen, Bonbons usw.
Die Kinder spielen dann Einkaufen und packen Bauklötze, Schachteln, kleine Dosen
in Taschen, packen diese wieder aus, lassen sich „Bonbons" (z. B. Steinchen) in Becher füllen usw. *(vgl. Horak, 1993, S. 114-115).*

49) *Die Schönheitsecke*

Auch die Zwei- bis Dreijährigen betrachten sich schon gerne im Spiegel, wenn sie sich verkleidet haben oder sich kämmen, mit Schmuck behängen u. Ä.

Hängen sie deshalb für die Kinder einen Spiegel auf, in dem sie sich ganz sehen können. Daneben können Sie eine einfache Kammtasche oder ein Körbchen mit Bürsten, Kämmen, Spangen, Modeschmuck aufbewahren, so dass sich das Kind jederzeit „schön machen" kann *(vgl. Horak, 1993, S. 114-115)*.

50) *Puppenwäsche*

Material: Plastikschüssel

Kinder lieben es, mit Wasser zu planschen. So können Sie dem Kind auch einmal anbieten, die Puppenwäsche zu waschen.

Anmerkung:

Achten Sie darauf, dass dieses nur im Waschraum oder Badezimmer stattfindet, denn für die Kinder ist das schönste Erlebnis an der Puppenwäsche der Überfluss des Wassers.

51) *Fische angeln*

Material: Zusammengerollte Strümpfe, Kleiderbügel

Rollen Sie einige Strümpfe zusammen, und verteilen Sie diese gleichmäßig auf dem Boden. Nun geben Sie dem Kind/den Kindern Kleiderbügel in die Hand. Die Kinder versuchen, mit den Haken der Kleiderbügel die „Fische" zu fangen *(vgl. Beermann, Bort, Mini Spielkartei, R 2)*.

52) *Das eigene Haus*

Material: Großer Pappkarton, Kissen, Decken, eventuell Farbe zum Bemalen des Kartons

Ein großer Karton wird umgedreht. Schneiden Sie nun mit einem Papiermesser Fenster und Türen nach Wunsch der Kinder ein. Eventuell können die Kinder das Haus dann noch anmalen.

Die Kinder können ihr eigenes Haus dann mit Decken, Kissen, Taschenlampe usw. nach eigenem Belieben einrichten.

53) Die Lokomotive

Stellen Sie sich als Lokomotive, Auto, Flugzeug, Boot usw. zur Verfügung. Das Kind darf in „das Fahrzeug“ einsteigen. Es fährt oder fliegt nun mit Ihnen wohin es will und macht dazu passende Geräusche *(vgl. Beermann, Bort, Mini Spielkartei, R 1)*.

54) Die Hupe

Sagen Sie dem Kind, dass sich an ihrem Körper irgendwo eine Hupe befindet. Drückt man darauf oder zupft man daran, passiert irgendetwas Lustiges.

Beispiele:
Am linken Ohr zupfen – der rechte Arm geht hoch
Auf den Fuß drücken – die Zunge kommt heraus und vieles mehr *(vgl. Beermann/Bort, 1996, Mini Spielkartei, R 7)*.

55) Wolkengeschichten

Setzen Sie sich mit dem Kind auf eine Parkbank oder legen Sie sich auf eine Decke und betrachten Sie am Himmel die Wolkenberge. Überlegen Sie gemeinsam mit dem Kind, welche Tiere, Pflanzen usw. man am Himmel sehen kann, und erzählen Sie dazu eine Geschichte, die sich am Himmel abspielt und beobachten lässt.

2.6 Lieder für Kleinkinder

56) *Schlaflied: „Eselchens Traumreise“*

1. Ein Bündel Stroh, ein warmer Stall, mein Eselchen träumt leise.
   Es träumt vom warmen Sonnentag und uns're r schönen Reise.
   Es ging über Wiesen und Felder, da kam ein dunkler Wald.
   Wir ritten fort zum Wolkenrand und machten keinen Halt.
2. Und legt sicht Dämm'rung übers Land, rauscht Abendwind in Bäumen.
   Dann traben wir zurück zum Stall, den Schlaf nicht zu versäumen.
   Es schlafen die Blumen im Grase, der Uhu hält die Wacht.
   Und über uns viel Sternlein stehn', sie wünschen gute Nacht.

Quelle: mündlich überliefert

57) *Tanzlied: „Ich bin ein dicker Tanzbär“*

Ein Kind wird ausgezählt, dieses spielt den Tanzbären.

Ich bin ein dicker Tanzbär und komme aus dem Wald.	Es formt mit den Armen einen dicken Bauch und kommt schwerfällig und schwankend aus dem „Wald“ in den Stuhlkreis.
Ich such mir eine Freundin und finde sie auch bald.	Das Kind darf sich einen „Freund“ suchen.
Komm, wir tanzen hübsch und fein, von einem Bein auf's andre Bein, Komm, wir tanzen hübsch und fein, von einem Bein auf's andre.	Beide fassen sich an den Händen und tanzen gemeinsam von einem aufs andere Bein.

Quelle: mündlich überliefert

58) *Geburtstagslied: „Kräht der Hahn früh am Tage“*

Kräht der Hahn früh am Tag, kräht er leis', kräht er laut:
„Guten Tag liebe/r (Name einsetzen), dein Geburtstag ist heut' !“ Letzte Zeile wiederholen.

Und der Kuchen auf dem Tische macht sich dick und macht sich breit:
„Guten Tag liebe/r (Name einsetzen), dein Geburtstag ist heut' !“ Letzte Zeile wiederholen.

Und der Vater und die Mutter, alle Kinder alle Leut'
rufen : „Hoch !!! liebe/-r (Name einsetzen), dein Geburtstag ist heut'!“ Letzte Zeile wiederholen.

59) Spiellied „Wie das Fähnchen auf dem Turme"

Der Erwachsene streckt einen Arm hoch und bewegt ihn vor dem Kind entsprechend der folgenden Liedzeilen hin und her:

Wie das Fähnchen auf dem Turme,
sich kann dreh'n bei Wind und Sturme,
so soll sich mein Händchen dreh' n,
dass es eine Lust ist anzusehn.

Quelle: mündlich überliefert

60) Spiellied „Backe, backe Kuchen"

Dieses Lied wird mit entsprechendem Klatschrhythmus begleitet:

Backe, backe Kuchen,
der Bäcker hat gerufen!
Wer will guten Kuchen backen,
der muss haben sieben Sachen,
Eier und Schmalz,
Butter und Salz,
Milch und Mehl,
Safran macht den Kuchen gehl:
Schieb in den Ofen rein!

Quelle: mündlich überliefert

3 Spiel- und Beschäftigungsvorschläge für Kinder im Kindergartenalter

3.1 Einfache darstellende Spiele

61) *Lieder darstellen*
62) *Marionetten-Spiel*
64) *Der Zauberstab*
65) *König Zwirbelbart*

3.2 Spiellieder

66) *Häschen in der Grube*
67) *Im Garten steht ein Blümelein*
68) *Ich bin die kleine Hexe*
69) *Ein kleiner grauer Esel*
70) *Pitsch, patsch Pinguin*
71) *Timpe, Tampe Zaubermann*

3.3 Fingerspiele

72) *Zehn kleine Zappelmänner*
73) *Regen*
74) *Zottelsaum, der Apfeldieb*
75) *Großmutters Brille*
76) *Vater Maus*
77) *Himpelchen und Pimpelchen*

3.4 Kimspiele

78) *Ich sehe was, was du nicht siehst*
79) *Der geheime Dirigent*
80) *Hund und Knochen*
81) *Hänschen, piep mal*
82) *Was liegt auf der Hand?*
83) *Juckt es da vielleicht?*
84) *Wonach riecht das denn?*

3.5 Bewegungsspiele

85) *Fischer, Fischer wie tief ist das Wasser?*
86) *Tausendfüßler*
87) *Feuer, Wasser, Erde*
88) *Tauziehen*
89) *Katz und Maus*

3.6 Einfache Maltechniken

90) *Finger-, Fuß- und Handabdruck*
91) *Blätterbild oder –druck*
92) *Pustetechnik*
93) *Klatschbild*
94) *Wachsbilder*

3.7 Faltspiele

95) *Fangbecher*
96) *Fröschchen*
97) *Windrad*
98) *Schweinchen*
99) *Himmel und Hölle*

3.8 Lieder für Kinder im Vorschulalter

100) *Wie schön, dass du geboren bist*
101) *Das Lied über mich*
102) *Sankt Martin ritt durch Schnee und Wind*
103) *Durch die Straßen auf und nieder*
104) *Ich geh mit meiner Laterne*
105) *In der Weihnachtsbäckerei*

3.1 Einfache darstellende Spiele

Darstellende Spiele ermöglichen es dem Kind, seine Fantasie, seine Ideen und Kreativität anzuregen und Gesehenes und Erlebtes nachzuahmen.
Bezugspersonen können die Spielideen des Kindes/der Kinder mit spielanregenden Materialien oder Requisiten unterstützen und durch gezielte Spielanregungen neue Spielimpulse setzen.

61) Lieder darstellen

Alter der Mitspieler:	ab 5 Jahren	**Spieldauer:**	ca. 5 Minuten
Anzahl der Mitspieler:	1-20 Spieler	**Material:**	–

Alle Kinder sitzen im Halbkreis und singen ein ihnen bekanntes Lied. Ein Kind oder mehrere versuchen dann, dazu passende pantomimische Bewegungen zu erfinden *(vgl. Thiesen, 1990, S. 170)*.

62) Marionetten-Spiel

Alter der Mitspieler:	ab 5 Jahren	**Spieldauer:**	ca. 10 Minuten
Anzahl der Mitspieler:	2 Spieler	**Material:**	–

Jeweils zwei Kinder spielen zusammen: eines ist die Marionette, das andere der Marionettenspieler. Dieser zieht bei der Marionette an unsichtbaren Fäden und überprüft dabei z. B. Knie, Füße, Kopf, Schulter, Po usw. Zum Schluss werden alle Fäden losgelassen und die Marionette fällt in sich zusammen. Dann werden die Rollen getauscht *(mündlich überliefert)*.

63) Erbsen rollen über die Straße

Alter der Mitspieler:	ab 5 Jahren	**Spieldauer:**	ca. 10 Minuten
Anzahl der Mitspieler:	ab 2 Spieler	**Material:**	–

Alle Kinder sitzen im Kreis. Folgender Satz wird unter verschiedenen Vorgaben ein bis zweimal von der gesamten Gruppe gesprochen:

„Erbsen rollen über die Straße und sind platt. Oh wie schade, jammer, jammerschade. Erbsen rollen über die Straße und sind platt!"

(z. B: „Sprich wie: ein alter Mann, ein kleines Kind, eine vornehme Dame, ein Betrunkener!" usw.)
(mündlich überliefert)

64) Der Zauberstab

Alter der Mitspieler:	ab 3 Jahren	**Spieldauer:**	ca. 5 Minuten
Anzahl der Mitspieler:	ab 3 Spieler	**Material:**	ein kleiner bunter Stab

Die Betreuerin gibt einem Kind den „Zauberstab" in die Hand und erläutert: „Wer diesen Stab in der Hand hält, kann alle anderen in Figuren, Tiere oder Gegenstände verwandeln (z. B. Hund, Katze, Auto, Telefon). Nach drei „Verwandlungsrunden" wird der Zauberstab an einen weiteren Mitspieler gegeben *(vgl. Beermann/Bort, 1996, Mini Spielkartei, D 6)*.

65) König Zwirbelbart (Mitmachgeschichte)

Alter der Mitspieler:	ab 4 Jahren	**Spieldauer:**	ca. 10 Minuten
Anzahl der Mitspieler:	ab 8 Spieler	**Material:**	–

Die Kinder sitzen im Kreis oder Halbkreis. Die Betreuerin spricht mit spannendem Tonfall den nachfolgenden Text, macht die rechts stehenden Bewegungen vor und fordert die Kinder auf mitzumachen:

Es war einmal ein König, das war der König Zwirbelbart, der hatte drei Töchter.	Mit beiden Zeigefingern auf jeder Seite am Kopf entlang drehen und einen Bart andeuten.
Die erste Tochter, das war die Prinzessin „Hui".	Die Arme hochheben.
Die zweite Tochter, das war diePrinzessin „Bääääh",	Die Finger vor den Mund halten und eine entsprechende Gebärde machen.
und die dritte Tochter, das war die Prinzessin „Mmmmm",	Gestisch ein Küsschen geben.
Nun wollte der König Zwirbelbart, dass seine drei Töchter heiraten.	
Er schrieb Briefe an die Prinzen im ganzen Land.	Hände wie beim Schreiben eines Briefes bewegen.
Es kamen nun drei, um sich die Prinzessinnen anzuschauen. Allen Prinzen gefiel die Prinzessin „Mmmmm"	Wieder ein Küsschen geben.
am besten, und sie wollten die Prinzessin „Mmmmm" heiraten.	Küsschen geben.
Aber der König Zwirbelbart sagte: „Nein, nein, nein.	Mit dem Zeigfinger wackeln.
Erst muss die Prinzessin „Hui" heiraten, dann die Prinzessin „Bääääh",	Entsprechende Gesten für die Prinzessinnen wiederholen.
und zum Schluss erst die Prinzessin „Mmmmm".	Küsschen geben.
Also reisten die drei Prinzen wieder ab. Aber ein Prinz hatte sich so in die Prinzessin „Mmmmm" verliebt,	Küsschen geben.
dass er sie unbedingt heiraten wollte.	

Also fragte er seine Bekannten,	
ob sie nicht die Prinzessin . „Hui "	Arme hochheben.
und die Prinzessin „Bääääh" haben wollten.	Hand vor den Mund halten.
Aber keiner wollte eine	
der beiden heiraten.	
Trotzdem machte sich der verliebte Prinz	
eines nachts auf den Weg, nahm sein Pferd	
aus dem Stall und ritt zu dem Königsschloss.	
Dort stieg er von seinem Pferd,	Zügel in die Hand nehmen.
ging durch das Zimmer des Königs Zwirbelbart,	Mit den Füßen trampeln.
ging durch das Zimmer der Prinzessin „Hui",	Arme hochheben.
ging durch das Zimmer der Prinzessin „Bäääh",	Hand vor den Mund halten.
und kam schließlich in das Zimmer	
der Prinzessin „Mmmmm".	Küsschen geben.
Dort lag sie in ihrem wunderschönen Bett.	
Er gab ihr einen Kuss, nahm sie auf seine Arme,	
trug sie durch das Zimmer der Prinzessin „Bäääh",	Hand vor den Mund halten.
trug sie durch das Zimmer der Prinzessin „Hui"	Arme hochheben.
und trug sie durch das Zimmer von	
König Zwirbelbart.	Mit den Füßen trampeln.
Dann ging er durch die Tür,	Quietschendes Türgeräusch machen.
machte die Tür hinter sich zu	
und setzte die Prinzessin	
„Mmmmm" auf sein Pferd,	Küsschen geben.
schwang sich hinter sie und ritt davon.	Unsichtbare Zügel halten und auf und nieder wippen.
Und wenn sie nicht gestorben sind,	
dann leben sie noch heute.	*(mündlich überliefert)*

3.2 Spiellieder

Spiellieder gefallen Kindern im Kindergartenalter besonders gut. Einfache Bewegungen und selbst gesungene Liedzeilen werden hier miteinander verbunden. So verbessern die Kinder durch Singen und Spielen wie selbstverständlich ihre sprachliche Ausdrucksfähigkeit, ihre Merkfähigkeit für einfache Texte und Melodien.
In der Gemeinschaft mit den anderen Kindern wird im Kreis gesungen, getanzt, geklatscht und so das Gemeinschaftsgefühl ebenfalls gestärkt.
Bezugspersonen, die mit Kindergruppen arbeiten, sollten deshalb darauf achten, diese Art von Spielen möglichst oft den Kindern anzubieten.

66) Häschen in der Grube

Alter der Mitspieler:	ab 3 Jahren	**Spieldauer:**	ca. 10 Minuten
Anzahl der Mitspieler:	ab 8 Spieler	**Material:**	–

Die Kinder sitzen im Kreis oder Halbkreis. Gemeinsam wird das folgende Lied gesungen, während ein Kind in der Mitte in Hockstellung sitzt und sich schlafend stellt. Bei „Häschen hüpf" hüpft es zu einem anderen Kind im Kreis, das in der nächsten Runde das Häschen sein darf.

1. Häschen in der Grube saß und schlief!
Armes Häschen, bist du krank,
dass du nicht mehr hüpfen kannst?
Häslein hüpf, Häslein hüpf, Häslein hüpf!

2. Häschen vor dem Hunde hüte dich!
Er hat einen scharfen Zahn,
packt damit mein Häschen an,
Häslein lauf, Häslein lauf, Häslein lauf!

Quelle: mündlich überliefert

67) *Im Garten steht ein Blümelein*

Alter der Mitspieler:	ab 3 Jahren	**Spieldauer:**	ca. 10 Minuten
Anzahl der Mitspieler:	ab 8 Spieler	**Material:**	–

Die Kinder sitzen im Kreis oder Halbkreis. Gemeinsam wird das folgende Lied gesungen, während ein Kind in der Mitte mit ausgestreckten Armen steht und eine Blume darstellt. Zum Liedende winkt das Kind ein anderes Kind zu sich heran. Beide tanzen zusammen, während die restlichen Kinder klatschen und mit „trallalaala, la, la, la …" (Melodie der Strophe) musikalisch die Tänzer begleiten.

1. Im Garten steht ein Blümelein,
Vergiss mein nicht,
Vergiss mein nicht.

2. Und wen ich hier am liebsten hab',
dem winke ich,
dem winke ich.

Quelle: mündlich überliefert

68) *Ich bin die kleine Hexe*

Alter der Mitspieler:	ab 3 Jahren	**Spieldauer:**	ca. 10 Minuten
Anzahl der Mitspieler:	ab 8 Spieler	**Material:**	–

Ich bin die kleine Hexe und habe Schuh'.
Ich reit' auf meinem Besen und sing' ein Lied dazu.
Hey, hop-hop-hop, hey, hop-hop-hop, hey, hop-hop-hop-hop - hop!

Quelle: mündlich überliefert

69) Ein kleiner grauer Esel

Alter der Mitspieler:	ab 3 Jahren	**Spieldauer:**	ca. 10 Minuten
Anzahl der Mitspieler:	ab 8 Spieler	**Material:**	–

Die Kinder bilden einen Kreis und gehen in Tanzrichtung. Gemeinsam wird das folgende Lied gesungen, während ein Kind in der Kreismitte den Esel spielt. Bei „... wackelt mit dem Hinterteil" macht „der Esel" die entsprechenden Bewegungen. Bei „I – a" bleibt er vor einem anderen Kind stehen, nickt mit dem Kopf und nimmt seinen gewählten Partner mit in die nächste Runde. Das Spiel wird so lange gespielt, bis alle Kinder als Esel durch den Raum wandern.

Ein kleiner, grauer Esel, der wandert durch die Welt.
Er wackelt mit dem Hinterteil, so wie es ihm gefällt.
I-a, i-a, i-a, i-a, i-a!

Quelle: Text und Komposition: Margret Birkenfeld, Rechte: Gerth Medien Musikverlag, Asslar

70) Pitsch, patsch Pinguin

Alter der Mitspieler:	ab 4 Jahren	**Spieldauer:**	ca. 10 Minuten
Anzahl der Mitspieler:	ab 8 Spieler	**Material:**	–

Die Kinder bilden einen Kreis. Es werden folgende Rollen verteilt, welche die Kinder entsprechend ihrer Vorstellungen beim Singen des Liedes durch die anderen Kinder spielen: erster Pinguin, zweiter Pinguin, Eisbär. Der Nordwind wird von allen Kindern gemeinsam durch Pusten dargestellt. Beim Refrain klatschen alle Kinder, die im Kreis stehen.

1. Ein kleiner Pinguin steht einsam auf dem Eis.
I: Pitsch, patsch, Pinguin, er watschelt schon im Kreis. :I
2. Und der Nordwind weht über's weite Meer,
I: Pitsch, patsch, Pinguin, da friert er aber sehr! :I
3. Und er sucht einen anderen Pinguin.
I: Pitsch, patsch, Pinguin, sie kitzeln sich am Kinn. :I
4. Horcht wer brummt denn da, das muss der Eisbär sein.
I: Pitsch, patsch, Pinguin, sie machen sich ganz klein. :I
5. Und der Eisbär tappt schon herein und schleckt.
I: Pitsch, patsch, Pinguin, da laufen beide weg! :I

Quelle: mündlich überliefert

71) *Timpe, Tampe Zaubermann*

Alter der Mitspieler:	ab 3 Jahren	**Spieldauer:**	ca. 10 Minuten
Anzahl der Mitspieler:	ab 8 Spieler	**Material:**	–

Die Kinder sitzen im Kreis oder Halbkreis. Ein Kind steht in der Mitte, es ist der „Zaubermann", der die anderen Kinder in alle möglichen Tiere verwandeln kann. Gemeinsam wird das folgende Lied gesungen, den Zauberspruch spricht dann das Kind in der Mitte alleine und die anderen spielen das von ihm genannte Tier. Zum Schluss sagt der Zaubermann: „Rum, pum, pum" und alle Tiere sind wieder Kinder. Das Spiel kann dann einige Male mit weiteren Zauberern wiederholt werden (mündlich überliefert).

Timpe Tampe Zaubermann, weißt du wie ich zaubern kann?
Timpe Tampe Zaubermann, hör gut zu.

Zauberspruch: **Hatschi kille kille knatschi bum,**
bim bam basi rum pum pum.
Ich mach aus euch lauter Löwen
(Katzen, Hunde, Frösche, Schmetterlinge etc.) rum pum pum.

Quelle: mündlich überliefert

3.3 Fingerspiele

Im Kindergartenalter werden einfache Fingerspiele vom Erwachsenen und dem Kind/den Kindern gemeinsam durchgeführt. Durch das Kennenlernen neuer Worte, Ähnlichkeiten von Begriffen usw. erweitert das Kind spielerisch seinen Wortschatz. Zudem übt es sich in seiner Feinmotorik und Körperbeherrschung, indem es konzentriert Bewegung und Sprache in Einklang bringt.

72) Zehn kleine Zappelmänner

Alter der Mitspieler: ab 3 Jahren
Anzahl der Mitspieler: ein Erwachsener und ein oder mehrere Kinder
Spieldauer: ca. 2 Minuten
Material: –

„Zehn kleine Zappelmänner zappeln auf und nieder, zehn kleine Zappelmänner tun das immer wieder.	Die beiden Hände auf und ab bewegen, dabei mit den Fingern „zappeln“.
Zehn kleine Zappelmänner zappeln hin und her, zehn kleinen Zappelmännern fällt das gar nicht schwer.	Die Hände nach rechts und links bewegen, dabei weiter mit den Fingern „zappeln“.
Zehn kleine Zappelmänner zappeln immer ’rum, zehn kleine Zappelmänner, die sind gar nicht dumm.	Die Hände im Kreis bewegen, dabei weiter mit den Fingern „zappeln“.
Zehn kleine Zappelmänner zappeln ins Versteck, zehn kleine Zappelmänner sind auf einmal weg.	Die Hände hinter den Rücken nehmen.
Zehn kleine Zappelmänner rufen laut „Hurra!“ Zehn kleine Zappelmänner sind schon wieder da.“	Die Hände werden wieder hervorgeholt und es wird noch einmal „gezappelt“. *(Arndt/Singer, 1980, S. 75)*.

73) Regen

Alter der Mitspieler: ab 3 Jahren
Anzahl der Mitspieler: ein Erwachsener und ein oder mehrere Kinder
Spieldauer: ca. 2 Minuten
Material: –

Entsprechend der folgenden Verszeilen werden nacheinander, mit dem Daumen beginnend, alle fünf Finger gezeigt:

Der sagt: „Wenn’s regnet, geh’ ich nicht aus.“
Der sagt: „Wenn’s regnet, da bleib’ ich zu Haus.“
Der sagt: „Wenn’s regnet, da werde ich nass.“
Der sagt: „Wenn’s regnet, macht’s mir keinen Spaß.“

Nur der Kleine hier, der wollte nicht warten und lief mit dem Schirm in den Kindergarten.	Mit der Handfläche der einen Hand wird der kleine Finger berührt und zu einer Seite hin bewegt *(mündlich überliefert)*.

74) *Zottelsaum, der Apfeldieb*

Alter der Mitspieler:	ab 3 Jahren	**Spieldauer:**	ca. 2 Minuten
Anzahl der Mitspieler:	ein Erwachsener und ein oder mehrere Kinder	**Material:**	–

Da steht der große Apfelbaum,	Eine Hand wird aufgestellt.
da kommt der kleine Zottelsaum	Zeigefinger und Mittelfinger der anderen Hand stellen den Zottelsaum dar.
und möcht' sich einen Apfel klau'n.	
Er klettert hoch von Ast zu Ast,	An der Hand hochklettern, alle Finger antippen.
hat jeden Apfel angefasst.	

Entsprechend der folgenden Verszeilen werden die einzelnen Finger, beim Daumen beginnend, berührt:

Der Erste schmeckte sauer (brrr ...).	
Der Zweite, der schmeckte faul (pfui ...).	
Der dritte Apfel hatte einen Wurm (igitt ...).	
Der Vierte eine Wespe (ssst ...).	
Der fünfte Apfel, der war klein,	
der schmeckte fein.	Man reibt sich den Bauch.
Da kam der große Pustewind,	Man pustet dreimal kräftig.
da wackelt der Apfelbaum,	Die Hand wird hin und her bewegt.
da zappelt der Zottelsaum	
und plumps, da fällt er runter.	Die Hand landet auf dem Schoß *(mündlich überliefert)*.

75) *Großmutters Brille*

Alter der Mitspieler:	ab 3 Jahren	**Spieldauer:**	ca. 2 Minuten
Anzahl der Mitspieler:	ein Erwachsener und ein oder mehrere Kinder	**Material:**	–

Großmutter konnte nicht sehen beim Lesen und beim Nähen.	Die Hände werden wie ein ausgebreitetes Buch vor die Augen gehalten, mit einer Hand werden Nähbewegungen nachgeahmt.
Darum kauft sie sich in aller Stille eine gute Brille mit dicken Scheiben Glas und setzt sie sich auf die Nas'.	Eine Brille wird mit den Händen gebildet.
Nun kann sie wieder sehen beim Sticken und beim Nähen,	Freudig werden Nähbewegungen ausgeführt.
beim Schreiben	Schreibbewegungen werden ausgeführt.
und beim Lesen.	Mit den Händen wird ein Buch gebildet.
Da ist sie froh gewesen.	Es wird geklatscht *(mündlich überliefert)*.

76) *Vater Maus*

Alter der Mitspieler:	ab 3 Jahren	**Spieldauer:**	ca. 2 Minuten
Anzahl der Mitspieler:	ein Erwachsener und ein oder mehrere Kinder	**Material:**	–

Das ist Vater Maus.	Der Daumen wird hochgehalten.
Er sieht wie alle Mäuse aus:	
– hat ein graues Fellchen,	Es wird über eine Hand gestreichelt.
– spitze Öhrchen,	Ohren werden gebildet.
– ein spitzes Schnäuzchen,	Mit den Händen wird ein Schnäuzchen angedeutet.
– einen Schwanz – so lang.	Mit beiden Händen wird die Länge des Schwanzes gezeigt.
– Zähne zum Beißen	Es wird auf die Zähne gezeigt.
– und große Füße zum Ausreißen.	Trippelbewegungen werden nachgeahmt.

Entsprechend wird der Zeigefinger (Mutter Maus), der Mittelfinger (Bruder Maus) und der Ringfinger (Schwester Maus) gezeigt.
Zum Schluss hält man den kleinen Finger hoch und der Text wird folgendermaßen leicht verändert:

Das ist Baby Maus,	Der kleine Finger wird hochgehalten.
sieht nicht wie alle Mäuse aus:	
– hat ein graues Fellchen,	Es wird über eine Hand gestreichelt.
– kleine spitze Öhrchen,	Kleine Ohren werden gebildet.
– ein kleines Schnäuzchen,	Mit den Händen wird ein Schnäuzchen angedeutet.
– einen Schwanz – ganz kurz.	Mit beiden Händen wird die Länge des Schwanzes gezeigt.
– Zähnchen zum Beißen,	Es wird auf die Zähne gezeigt.
– und ganz ganz kleine Füße zum Ausreißen.	Kleine Trippelbewegungen werden nachgeahmt *(mündlich überliefert)*.

77) *Himpelchen und Pimpelchen*

Alter der Mitspieler:	ab 3 Jahren	**Spieldauer:**	ca. 2 Minuten
Anzahl der Mitspieler:	ein Erwachsener und ein oder mehrere Kinder	**Material:**	–

„Himpelchen und Pimpelchen	Aus beiden Fäusten lässt man die Daumen erscheinen.
stiegen auf einen hohen Berg.	Mit beiden Händen wird ein Berg gebildet.
Himpelchen war ein Heinzelmann	Ein Daumen wird hochgehalten.
und Pimpelchen war ein Zwerg.	Der andere Daumen wird hochgehalten.
Sie blieben dort oben recht lange sitzen	
und wackelten mit ihren Zipfelmützen.	Mit beiden Händen über dem Kopf wackelnde Zipfelmützen andeuten.
Doch nach vielen, vielen Wochen	
sind sie in den Berg gekrochen.	Die Daumen werden in die Fäuste gezogen.
Sie schlafen dort in guter Ruh',	Geräusche des Schlafens werden nachgemacht .
Seid' mal still und hört gut zu.	

Nun wird ein Kind bestimmt, das „Kikerikie" ruft und alle singen folgende Zeile und Klatschen dazu:

Heißa, heißa, heißa-ßa, Himpelchen und Pimpelchen sind wieder da!" *(Arndt/Singer, 1980, S. 87)*

3.4 Kimspiele

Kimspiele werden die Spiele zur Sinneswahrnehmung in den Bereichen Sehen, Hören, Tasten, Riechen und Schmecken genannt. Sie verdanken ihren Namen der Hauptfigur eines Romans von Rudyard Kipling, in welchem ein Junge namens Kim die besondere Fähigkeit erwirbt, viele Gegenstände mit einem Blick zu erfassen und sie sich zu merken (vgl. Thiesen, 1994, S. 36).

Durch diese Spiele kann das Kindergartenkind spielerisch seine Wahrnehmungsfähigkeit in den oben genannten Bereichen verbessern, indem es z. B.:
- Farben, Formen und Gegenstände wiedererkennt (Sehen),
- Töne und Geräusche differenziert (Hören),
- Materialstrukturen bewusst ertastet (Tasten),
- Geschmacks-, und Geruchsunterschiede und -qualitäten wahrnimmt (Riechen und Schmecken).

78) Ich sehe was, was du nicht siehst

Alter der Mitspieler:	ab 5 Jahren	**Spieldauer:**	ca. 2 Minuten
Anzahl der Mitspieler:	ein Erwachsener und ein oder mehrere Kinder	**Material:**	–

Ein Kind oder ein Erwachsener wählen einen Gegenstand im Raum aus, den der andere/die anderen erraten muss/müssen. Mit den Worten „Ich sehe was, was du nicht siehst und das ist ... (Farbe des Gegenstandes nennen) wird zur Suche aufgefordert *(mündlich überliefert)*.

79) Der geheime Dirigent

Alter der Mitspieler:	ab 4/5 Jahren	**Spieldauer:**	ca. 5 Minuten
Anzahl der Mitspieler:	ab 10 Spieler	**Material:**	–

Alle Kinder sitzen im Stuhlkreis. Ein Kind wird hinausgeschickt, während ein Kind aus dem Kreis bestimmt wird, das mimisch wechselweise verschiedene Instrumente spielt (z. B. Trompete, Gitarre, Klavier). Die anderen Kinder müssen diesen „Dirigenten" genau beobachten und sofort das jeweils dargestellte Instrument genauso spielen wie er.

Das Kind vor der Tür wird hineingebeten und muss herausfinden, wer derjenige ist, der hier den „Ton" angibt. Hat es ihn erraten, wird ein anderes Kind hinausgeschickt.

Anmerkung:
Die Kinder sind darauf hinzuweisen, dass nicht alle direkt auf den Vorspieler schauen, da dieser sonst zu schnell als solcher ausfindig gemacht werden kann *(mündlich überliefert)*.

80) Hund und Knochen

Alter der Mitspieler:	ab 4/5 Jahren	**Spieldauer:**	ca. 5 Minuten
Anzahl der Mitspieler:	ab 10 Spieler	**Material:**	Schlüsselbund o. Ä., Augenbinde

Alle sitzen im Stuhlkreis. In der Mitte befindet sich ein Stuhl. Auf diesen Stuhl setzt sich ein Kind, dem die Augen verbunden werden. Unter den Stuhl wird ein Schlüsselbund, ein Glöckchen o. Ä. gelegt. Dieser Gegenstand stellt den „Knochen" dar.
Nun wird leise ein Kind bestimmt, das sich anschleichen muss, um dem „Hund" den Knochen zu stehlen. Hört der „Hund" etwas, zeigt er in die entsprechende Richtung und bellt. Hat er richtig gehört, nimmt er sofort die Augenbinde ab und das Spiel beginnt mit einem anderen „Hund" von vorne.
Konnte der Dieb unbemerkt zurück auf seinen Platz schleichen, halten alle Kinder die Hände hinter den Rücken und rufen: „Bello, Bello, dein Knochen ist weg!" Der „Hund" entfernt die Augenbinde, geht im Kreis umher und macht mit der Frage „Hast du meinen Knochen?" den Dieb ausfindig *(mündlich überliefert)*.

81) Hänschen, piep mal!

Alter der Mitspieler:	ab 4/5 Jahren	**Spieldauer:**	ca. 5 Minuten
Anzahl der Mitspieler:	ab 10 Spieler	**Material:**	Augenbinde

Alle Kinder sitzen im Stuhlkreis. Einem Kind werden die Augen verbunden. Die anderen Kinder wechseln die Plätze. Dann setzt sich das „blinde" Kind auf den Schoß eines Mitspielers, fordert ihn auf, zu piepen und versucht ihn an seiner Stimme zu erkennen. Hat es richtig geraten, darf ein anderes Kind sein Glück versuchen *(mündlich überliefert)*.

82) Was liegt auf der Hand?

Alter der Mitspieler:	ab 4/5 Jahren	**Spieldauer:**	ca. 5 Minuten
Anzahl der Mitspieler:	ein Erwachsener mit einem oder mehreren Kindern	**Material:**	verschiedene Gegenstände, wie Kartoffel, Ei, Schwamm, Würfelzucker Tesafilmrolle ..., Augenbinde

Einem Kind werden die Augen verbunden. Der Erwachsene legt nach und nach verschiedene Gegenstände auf die geöffnete Hand des Kindes. Es versucht, ohne die andere Hand zur Hilfe zu nehmen, herauszufinden, um welchen Gegenstand es sich jeweils handelt *(vgl. Thiesen, 1994, S. 50)*.

83) *Juckt es da vielleicht?*

Alter der Mitspieler:	ab 4 Jahren	**Spieldauer:**	ca. 5 Minuten
Anzahl der Mitspieler:	ein Erwachsener mit einem oder mehreren Kindern	**Material:**	Kugelschreiber, Augenbinde

Einem Kind werden die Augen verbunden und es entblößt seinen Unterarm. Der Erwachsene oder ein anderes Kind tippt mit dem Kugelschreiber dessen Arm an und kennzeichnet leicht diese Stelle. Das „blinde" Kind versucht, die gleiche Stelle zu ertasten *(vgl. Thiesen, 1994, S. 51)*.

84) *Wonach riecht das denn?*

Alter der Mitspieler:	ab 5 Jahren	**Spieldauer:**	ca. 5 Minuten
Anzahl der Mitspieler:	ein Erwachsener mit einem oder mehreren Kindern	**Material:**	einige stark riechende pulverisierte Stoffe, wie Kakao, Pfefferminze, Vanille, Zimt, Augenbinde

Einem Kind werden die Augen verbunden. Der Erwachsene oder ein anderes Kind hält die Schälchen mit diesen Stoffen nacheinander unter die Nase des „blinden" Kindes. Es versucht zu erraten, um welche Stoffe es sich jeweils handelt *(vgl. Thiesen, 1994, S. 51)*.

Anmerkung:
Es werden keine reizenden Stoffe, wie Pfeffer oder scharfes Paprikagewürz verwendet.

3.5 Bewegungsspiele

Kinder im Vorschulalter haben ein ausgeprägtes Bedürfnis nach regelmäßiger Bewegung. Die zunehmende Einschränkung der Bewegungsmöglichkeiten durch beengte Wohnverhältnisse usw. verhindert, dass Kinder ihren Bewegungsdrang ungehindert ausleben können.

Bewegungsspiele kommen diesem stark ausgeprägten Bewegungsdrang der Kinder entgegen. Sie tragen viel zur körperlichen und geistigen Lockerung bei, durch sie fördert das Kind seine Körperbeherrschung und seine motorischen Fähigkeiten.

Da es sich bei vielen dieser Spiele um Regelspiele handelt, die in einer Gruppe durchgeführt werden, wird bei den Bewegungsspielen für dieses Alter das soziale Miteinander indirekt auf spielerische Weise eingeübt.

85) Fischer, Fischer wie tief ist das Wasser?

Alter der Mitspieler:	ab 4 Jahren	**Spieldauer:**	ca. 10 Minuten
Anzahl der Mitspieler:	ab 8 Spieler	**Material:**	–

Ein Kind wird als Fischer bestimmt (z. B. durch Auszählen). Es stellt sich auf die eine Seite der Turnhalle oder des Platzes, die anderen Kinder stehen auf der gegenüberliegenden Seite.
Jetzt ruft die Gruppe: „Fischer, Fischer wie tief ist das Wasser?"
Der Fischer antwortet z. B.: „100 Meter tief."
Die Gruppe fragt: „Wie kommt man da hinüber?"
Der Fischer nennt eine Gangart, wie z. B.: „Auf allen Vieren."
Die Kinder laufen dann in der vorgeschriebenen Gangart los, um auf die andere Seite zu gelangen, und der Fischer versucht, so viele wie möglich abzuschlagen. Die gefangenen Kinder werden ebenfalls zu Fischern. Das Spiel dauert so lange, bis nur noch ein Kind übrig ist, das in der nächsten Runde der Fischer sein darf *(mündlich überliefert)*.

86) Tausendfüßler

Alter der Mitspieler:	ab 5 Jahren	**Spieldauer:**	ca. 5 Minuten
Anzahl der Mitspieler:	ab 4 Spieler	**Material:**	–

Es werden zwei gleich starke Riegen gebildet. Die Kinder gehen auf allen Vieren und umfassen dabei die Fußgelenke des Vordermannes. Der „Tausendfüßler", der zuerst ein markiertes Ziel erreicht, hat gewonnen *(vgl. Thiesen, 1990, S.153)*.

87) Feuer, Wasser, Erde

Alter der Mitspieler:	ab 4 Jahren	**Spieldauer:**	ca. 10 Minuten
Anzahl der Mitspieler:	ab 10 Spieler	**Material:**	–

Alle Kinder laufen nach dem Schlag des Tambourins o. Ä. durch die Halle oder den großen Raum. Die Spielleiterin, die das Tambourin schlägt, ruft ihnen zwischendurch einige Begriffe zu und schlägt dabei einmal ganz kräftig auf das Tambourin. Ruft Sie „Feuer", müssen alle Spieler ganz schnell in eine der vier Raumecken laufen, ruft sie „Wasser", müssen die Teilnehmer auf eine Bank, einen Stuhl o. Ä. steigen, ruft sie „Erde", müssen sich alle schnell flach auf den Boden legen. In der jeweiligen Haltung verharren sie so lange, bis die Spielleiterin wieder beginnt, das Tambourin zu schlagen. Derjenige, der als letzter in der Runde die Anweisung befolgt, scheidet aus *(mündlich überliefert)*.

88) *Tauziehen*

Alter der Mitspieler:	ab 4 Jahren	**Spieldauer:**	ca. 5 Minuten
Anzahl der Mitspieler:	ab 10 Spieler	**Material:**	ein dickes Seil

Das Seil wird der Länge nach auf den Boden gelegt und die Mitte markiert. Zwei gleich starke Gruppen nehmen das Seil in die Hand und beginnen, auf Kommando des Spielleiters an dem Seil zu ziehen. Die Gruppe, die zuerst die andere Gruppe über die Mitte hinausgezogen hat, ist Sieger.

89) *Katz und Maus*

Alter der Mitspieler:	ab 5 Jahren	**Spieldauer:**	ca. 5 Minuten
Anzahl der Mitspieler:	ab 15 Spieler	**Material:**	–

Alle Spieler bilden einen geschlossenen Kreis. Ein Spieler ist Katze, ein anderer die Maus. Die Maus steht in der Mitte des Kreises, die Katze geht um den Kreis herum und fragt einen Spieler nach dem anderen: „Was macht die Maus?“ Der Spieler antwortet z. B.: „Sie putzt sich die Zähne, ..est, kämmt sich die Haare ..“, und die Maus ahmt die genannten Bewegungen nach. Antwortet ein Spieler: „Sie läuft aus dem Haus!“, läuft die Maus aus der Kreismitte heraus und die „Katze“ läuft so lange hinter der Maus her, bis sie diese gefangen hat. Das Spiel kann von vorn beginnen *(mündlich überliefert)*.

3.6 Einfache Maltechniken

Durch Malen mit den Fingern und der Handhabung von Pinseln oder anderen Malgeräten und verschiedenen Arten von Farben fördert das Kind seine Fingerfertigkeit, lernt Farben transparent und deckend aufzutragen, zu mischen und erkennt, welche reizvollen Effekte bei der Verwendung kinderleichter Techniken entstehen können. Hier eine kleine Auswahl einfacher Maltechniken, die das Kind im Kindergartenalter gut selbstständig ausführen kann.

90) Finger-, Fuß-, und Handabdruck

Das Kind kann einzelne Finger oder auch Hand und Fuß mit Fingerfarbe anmalen und auf ein einfarbiges Papier drucken. Nach dem Trocknen können die Abdrücke noch verziert werden, indem z. B. mit schwarzem Filzstift ein Gesicht aufgezeichnet wird, aus mehreren Fingerabdrücken hintereinander eine Raupe entsteht usw. Der Phantasie sind hierbei keine Grenzen gesetzt.

91) Blätterbild oder -druck

Mit dem Kind/den Kindern werden im Herbst heruntergefallene Blätter gesammelt und einige Tage in einem schweren Buch gepresst. Aus den Blättern können dann Bilder gestaltet werden:

1. Die Blätter werden zu einem Motiv zusammengestellt und aufgeklebt,
2. Einzelne Blätter werden mit Farbe bemalt und auf ein Papier gedrückt,
3. Ein Blatt wird unter ein Papier gelegt, auf dem dann kräftig mit Wachsmalstiften gemalt wird (Durchreibetechnik).

92) *Pustetechnik*

Mit einem Pinsel, der in reichlich Wasser und Wasserfarbe getaucht wurde, werden nacheinander Kleckse von unterschiedlicher Größe auf ein Papier gekleckst. Mit einem breiten Strohhalm (ohne Knick!) werden diese angepustet, so dass sie gut verlaufen.

Anmerkung:
Damit Verästelungen in alle Richtungen entstehen können, empfiehlt es sich, im Stehen zu arbeiten.

93) *Klatschbild*

Ein weißes Blatt (z. B. in der Größe DIN A 4) wird in der Mitte gefaltet. Man trägt gut deckende Farbe in verschiedenen Farben auf die eine Hälfte auf, faltet das Blatt und rollt mit einer Gummiwalze o. Ä. darüber. Nach dem Auseinanderziehen entstehen fantasievolle Formen in unterschiedlichen Mischungen.

94) Wachsbilder

1. Mit Wachsmalkreide wird möglichst dick auf ein weißes Blatt gemalt. Ein zweites Blatt wird darüber gelegt und mit einem Bügeleisen auf niedriger Stufe wird einige Male über dieses Blatt gestrichen. So schmilzt die Farbe und es entstehen zwei fantasievolle Gemälde.

Anmerkung:
Es bietet sich auch an, die Wachsmalkreide auf einen Pergamentpapierbogen aufzutragen und wie oben beim Klatschbild beschrieben zu verfahren. So entstehen beispielsweise Zwischenteile für einfache Laternen oder Tischlaternen.

2. Mit einer brennenden roten Kerze werden einige Wachstropfen auf ein grünes Blatt getropft. Nach dem Trocknen der Tropfen können diese mithilfe eines schwarzen Filzstiftes zu kleinen Marienkäfern gestaltet werden.

Anmerkung:
Die Tropfen werden nur gemeinsam mit einem Erwachsenen aufgetragen!

3. Verschiedene Motive werden mit Wachsmalkreide auf ein weißes Blatt gemalt. Mit Wasserfarbe wird leicht über das fertige Bild gemalt.

Anmerkung:
Zum Auftragen der Wasserfarbe eignet sich auch gut ein Schwamm.

3.7 Faltspiele

Aus einem einfachen Quadrat lassen sich mithilfe weniger Kniffe Tiere, Spielsachen, Raumdekorationen usw. falten. So bietet diese Art von Beschäftigung dem Kind verschiedene Gestaltungsmöglichkeiten, zudem übt es sich in Genauigkeit und fördert seine Fingerfertigkeit.

Folgende kindgemäße Begriffe haben sich in der Praxis bewährt, um Kindern zu erläutern, wie ihr Faltspiel vom ersten Kniff bis zur Fertigstellung schrittweise gearbeitet wird:

- Buch: Man faltet einen waagerechten Mittelbruch.
- Kopftuch: Man faltet einen diagonalen Mittelbruch.
- Schrank: Man faltet einen senkrechten Mittelbruch, öffnet die Arbeit wieder und faltet dann den linken und rechten Rand bis zum Mittelbruch.
- Briefumschlag: Man faltet einen waagerechten Mittelbruch, öffnet die Arbeit und faltet dann einen senkrechten Mittelbruch, öffnet die Arbeit. Dann werden alle vier Ecken zur Mitte umgeknickt.
- Schokolade: Es werden zwei Schränke gefaltet, einmal in waagerechter und einmal in senkrechter Richtung.

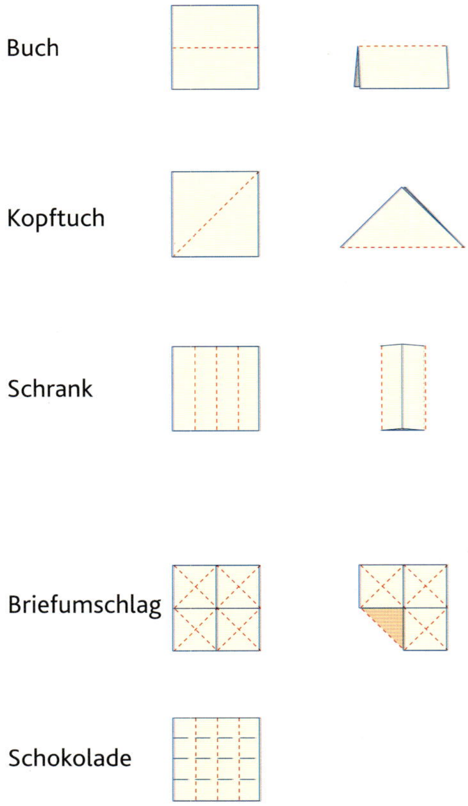

95) Fangbecher

- Ein Kopftuch falten,
- dann eine Ecke der langen Seite des Dreiecks so zur gegenüberliegenden Seite knicken, dass der obere Rand parallel zur Basislinie liegt,
- die andere Ecke wird gegengleich darüber gefaltet,
- die oben entstandenen Dreiecke werden nach vorn und hinten hinunter gefaltet,
- zum Schluss knotet man einen Wollfaden mit einer Perle an den oberen Rand des Bechers.

Jetzt kann das Fangspiel beginnen!

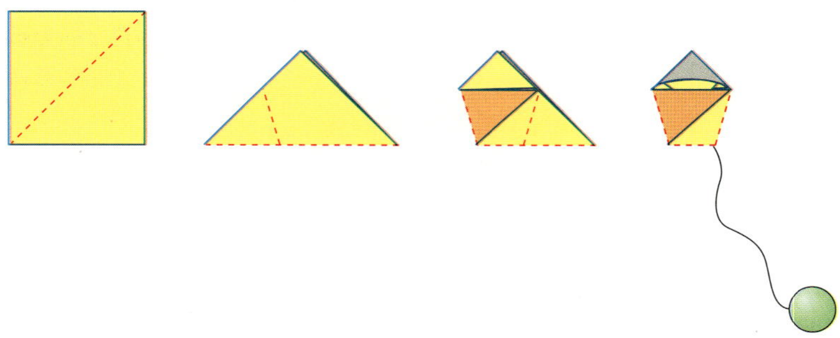

96) Fröschchen

- Ein Kreuz (= zwei Bücher) falten und das Quadrat wenden,
- ein diagonales Kreuz (= zwei Kopftücher) falten, die gegenüberliegenden Endpunkte der waagerechten Linie mit Pinzettengriff aneinander legen und die so entstandenen Dreiecke gut glatt streichen,
- die Ecken des oberen Dreiecks zur Spitze falten, dann wieder zurück legen,
- die neu entstandenen unteren Dreiecke so unter die anderen Dreiecke schieben und andrücken, dass ein Quadrat sichtbar wird,
- die Arbeit wenden,
- linke und rechte Ecke nach unten zur Mittellinie falten,
- die so entstandenen „Froschbeine" nochmals nach außen falten,
- zum Schluss dem Frosch Augen und Maul aufmalen.

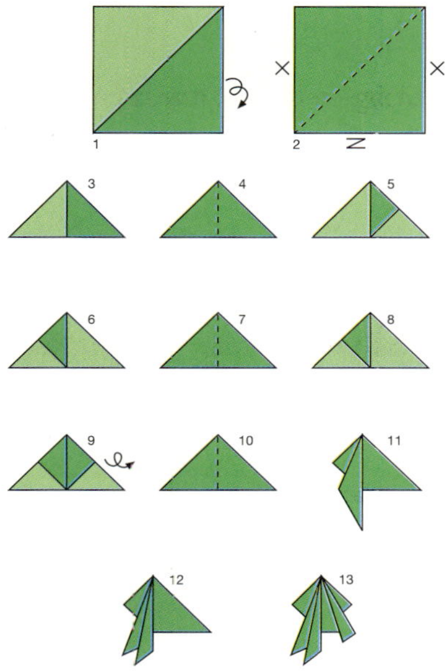

97) Windrad

- Eine Schokolade falten,
- dann auf der selben Seite ein diagonales Kreuz falten,
- mit den Zeigefingern erst in die unteren, dann in die oberen Ecken greifen und mit Pinzettengriff die Ecken so herausstreichen, dass zwei Bootsformen erkennbar sind,
- diese zur Mittelbruchlinie drücken und glatt streichen,
- zwei gegenüberliegende Ecken werden nach unten bzw. oben gelegt.

Nun kann man eine Heftzwecke in die Mitte drücken und dann ein dünnes Rundholz so befestigen, dass sich das Windrad drehen kann.

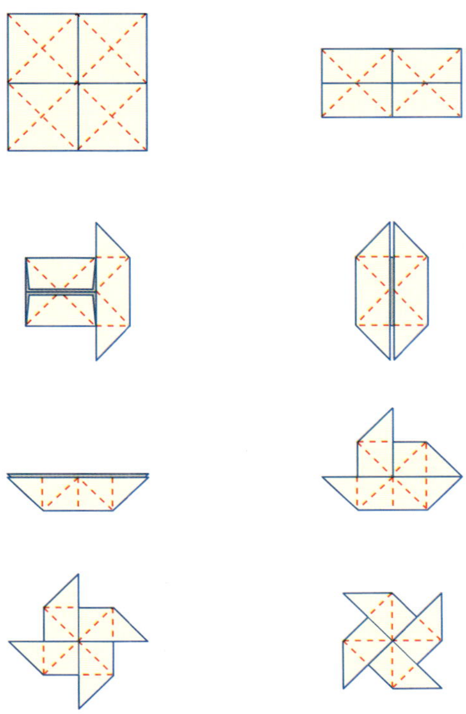

98) *Schweinchen*

- Ein Buch so falten, dass die offene Seite nach oben zeigt,
- die Ränder vorne und hinten zur Bruchkante zurückfalten, so dass ein „M“ entsteht,
- Ecken vorne so umknicken, dass kleine Dreiecke entstehen, diese wieder zurücklegen und dann mit Pinzettengriff große Dreiecke herausziehen,
- von diesen wird der lose Teil an die Mittellinie des Dreiecks geknickt,
- die Arbeit wird gewendet und auf der Rückseite dasselbe gefaltet,
- an einer Seite wird die Spitze abgeschnitten, so dass ein Schnäuzchen entsteht,
- an der anderen Seite wird ein Stück so herausgeschnitten, dass ein Schwänzchen entsteht, das man dann ringeln kann.
- zum Schluss erhält das Schweinchen noch Augen und Mund *(vgl. Stöcklin-Meier,1996,S. 109)*.

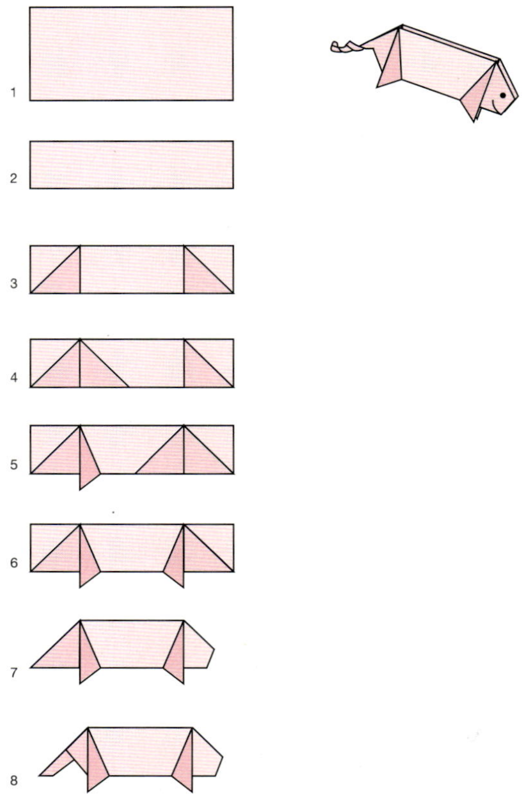

99) *„Himmel und Hölle“*

- Ein diagonales Kreuz (= zwei Kopftücher) falten,
- dann alle Ecken zur Mitte knicken (= Briefumschlag),
- Arbeit wenden und auf der Rückseite ebenfalls alle Ecken zur Mitte knicken,
- die untere Kante im Mittelbruch auf die obere legen,
- nun sind vier kleine Tüten zu erkennen, in die oberen Tütchen werden die Zeigefinger gesteckt, in die unteren die Daumen,
- mit diesen Pinzettengriffen werden alle Spitzen vorsichtig zur Mitte zusammengedrückt.

Nun ist das Himmel und Hölle-Spiel fertig und kann noch verziert werden.

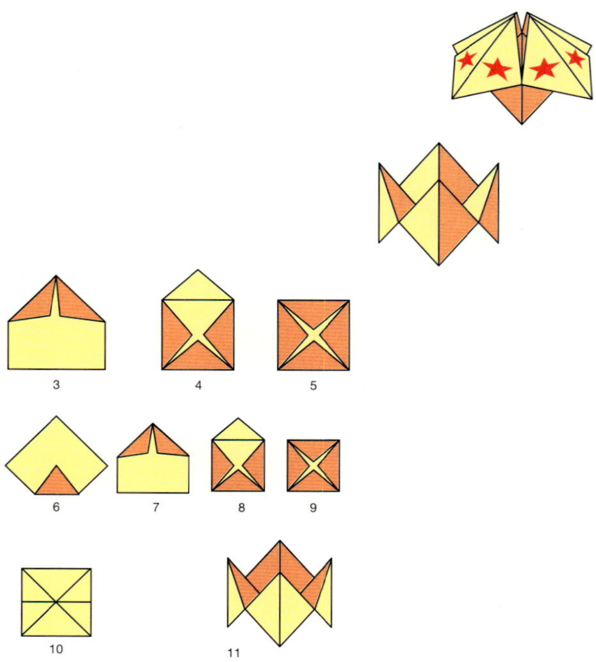

3.8 Lieder für Kinder im Vorschulalter

100) Geburtstagslied: Wie schön, dass du geboren bist

1. Heute kann es regnen stürmen oder schnei'n,
denn du strahlst ja selber wie der Sonnenschein.
Heut' ist dein Geburtstag, darum feiern wir,
alle deine Freunde freuen sich mit dir.
Alle deine Freunde freuen sich mit dir.

Refr.: Wie schön, dass du geboren bist,
wir hätten dich sonst sehr vermisst.
Wie schön, dass wir beisammen sind,
wir gratulieren dir, Geburtstagskind.

2. Uns're guten Wünsche haben ihren Grund:
Bitte bleib noch lange glücklich und gesund.
dich so froh zu sehen, ist was uns gefällt,
Tränen gibt es schon genug auf dieser Welt.
Tränen gibt es schon genug auf dieser Welt. Refr.

3. Montag, Dienstag, Mittwoch, das ist ganz egal,
dein Geburtstag kommt im Jahr doch nur einmal.
Darum lass uns feiern, dass die Schwarte kracht,
heute wird getanzt, gesungen und gelacht,
heute wird getanzt, gesungen und gelacht. Refr.

Quelle: Text und Melodie: Rolf Zuckowski, Rechte: MUSIK FÜR DICH Rolf Zuckowski OHG, Hamburg

101) Lied über mich

1. Es gibt Lieder über Hunde,
wau, wau, wau.
Und es gibt Lieder über Katzen,
miau, miau, miau.
Nur das eine Lied gibt's noch nicht,
und das ist das Lied über mich:

Refr.: Ich hab' Hände, sogar zwei,
und auch Haare, mehr als drei.
Ich hab' einen runden Bauch,
und 'ne Nase hab' ich auch.
Ich hab' links und rechts eine Bein
und ein Herz, doch nicht aus Stein.
Und jetzt winke ich dir zu:
Hallo du, du, du!

2. Es gibt Lieder über Autos,
brum, brum, brum.
Und auch Lieder über Bienen,
sum, sum, sum.
Nur das eine Lied, das gibt's noch nicht,
und das ist das Lied über mich: Refr.

3. Es gibt Lieder über's Lachen,
ha, ha, ha.
Und auch Lieder über's Schimpfen,
na, na, na.
Nur das eine Lied, das gibt's noch nicht,
und das ist das Lied über mich: Refr.

4. Es gibt Lieder über's Trinken,
gluck, gluck, gluck.
Und auch Lieder über's Hühnchen,
tuck, tuck, tuck.
Nur das eine Lied, das gibt's noch nicht,
und das ist das Lied über mich: Refr.

*Quelle: Text und Melodie: Volker Rosin,
Rechte: Moon-Records-Verlag, Düsseldorf*

102) Sankt Martin ritt durch Schnee und Wind (trad.)

Sankt Martin, Sankt Martin,
Sankt Martin ritt durch Schnee und Wind,
sein Ross, das trug ihn fort geschwind.
Sankt Martin ritt mit leichtem Mut:
sein Mantel deckt' ihn warm und gut.

Im Schnee saß, im Schnee saß,
im Schnee da saß ein armer Mann,
hatt' Kleider nicht, hatt' Lumpen an.
O helft mir doch in meiner Not,
sonst ist der bitt're Frost mein Tod!

Sankt Martin, Sankt Martin,
Sankt Martin zog die Zügel an,
sein Ross stand still beim armen Mann,
Sankt Martin mit dem Schwerte teilt
den warmen Mantel unverweilt.

Sankt Martin, Sankt Martin,
Sankt Martin gab den Halben still,
der Bettler rasch ihm danken will,
Sankt Martin aber ritt in Eil
hinweg mit seinem Mantelteil.

Quelle: mündlich überliefert

103) Durch die Straßen auf und nieder (trad.)

1. Durch die Straßen auf und nieder
   leuchten die Laternen wieder
   rote, gelbe, grüne, blaue,
   lieber Martin, komm und schaue.

2. Wie die Blumen in dem Garten
   blüh'n Laternen aller Arten:
   rote, gelbe, grüne, blaue,
   lieber Martin, komm und schaue!

3. Und wir gehen lange Strecken
   mit Laternen an den Stecken:
   rote, gelbe, grüne, blaue,
   lieber Martin, komm und schaue!

Quelle: Text: Lieselotte Holzmeister, Melodie: Richard Rudolf Klein, Rechte: Fidula Verlag, Boppard/Rhein

104) Ich geh mit meiner Laterne (trad.)

Ich geh mit meiner Laterne
und meine Laterne mit mir.
Dort oben leuchten die Sterne
und unten, da leuchten wir.
Der Hahn, der kräht,
die Katze miaut,
Rabimmel, Rabammel, Rabumm

Ich geh mit meiner Laterne
und meine Laterne mit mir.
Dort oben leuchten die Sterne
und unten, da leuchten wir.
Laternenlicht, verlösch mir nicht
Rabimmel, Rabammel, Rabumm

Quelle: mündlich überliefert

105) In der Weihnachtsbäckerei

In der Weihnachtsbäckerei
gibt es manche Leckerei.
Zwischen Mehl und Milch
macht so mancher Knilch
eine riesengroße Kleckerei.
In der Weihnachtsbäckerei,
in der Weihnachtsbäckerei.

1. Wo ist das Rezept geblieben
von den Plätzchen, die wir lieben?
Wer hat das Rezept verschleppt?
Na, dann müssen wir es packen,
einfach frei nach Schnauze backen.
Schmeißt den Ofen an und ran!
In der Weihnachtsbäckerei.

2. Brauchen wir nicht Schokolade,
Honig, Nüsse und Sukkade
und ein bisschen Zimt? Das stimmt.
Butter, Mehl und Milch verrühren,
zwischendurch einmal probieren,
und dann kommt das Ei vorbei.
In der Weihnachtsbäckerei.

3. Bitte mal zur Seite treten,
denn wir brauchen Platz zum Kneten.
Sind die Finger rein? Du Schwein.
Sind die Plätzchen, die wir stechen,
erstmal auf den Ofenblechen,
warten wir gespannt
– verbrannt.

Quelle: Text und Melodie: Rolf Zuckowski, Rechte: MUSIK FÜR DICH Rolf Zuckowski OHG, Hamburg

Platz für Notizen

4 Spiel- und Beschäftigungsvorschläge für Kinder im Schulalter

4.1 Darstellende Spiele

106) Kochlöffelpuppe (Figurenspiel)
107) Krokodil aus Eierkartons (Figurenspiel)
108) Heiteres Beruferaten
109) Verfolgungsjagd
110) Reimwortpantomime
111) Wer angibt, hat mehr vom Leben

4.2 Bewegungsspiele

112) Hüpfkästchen
113) Seilchenspringen
114) Gummitwist
115) Fuchsball
116) Flaschenkegeln
117) Schlangenspiel
118) Wer ist zuerst angezogen?
119) Witziger Wettbewerb

4.3 Karten- und Würfelspiele

120) Lügen und Betrügen (Kartenspiel)
121) Hundert (Kartenspiel)
122) Der Weg zur Hölle (Kartenspiel)
123) Geld verlieren (Würfelspiel)
124) Hohe und niedrige Hausnummern (Würfelspiel)
125) Würfeln für den Gewinn (Würfelspiel)

4.4 Sprech- und Schreibspiele

126) Mädchen oder Junge aus Paris (Sprechspiel)
127) Sprechsperre (Sprechspiel)
128) Das ABC-Spiel (Spiel mit Buchstaben)
129) Buchstaben bilden (Spiel mit Buchstaben)
130) Wort im Wort (Schreibspiel)
131) Fließbandsatz (Schreibspiel)
132) Annas ruhiger Dackelverein (Schreibspiel)
133) Zeitungssatz (Spiel mit Wörtern)

4.5 Ratespiele

134) Banane
135) Prominentenraten
136) Montagsmaler
137) Was ist das für ein „Dings-da“?
138) Märchenrätsel

4.6 Lieder

139) Die Affen rasen durch den Wald
140) Und wer im Januar geboren ist
141) Der Gorilla mit der Sonnenbrille
142) Laurentia
143) Auf der Mauer, auf der Lauer
144) Hab 'ne Tante in Marokko

4.1 Darstellende Spiele

Zu den darstellenden Rollenspielformen gehören z. B. das Figurenspiel (Kasperletheater, Marionettenspiel usw.), das Schattenspiel, das Maskenspiel usw.

Hier wird meist vor einem Publikum gespielt. Insbesondere wird die Zusammenarbeit mit anderen und das selbstständige Organisieren geübt.

Weiterhin zählen zum darstellenden Spiel auch verschiedene spontane Spiele mit Sprache, Mimik und Gestik, wie z. B. kleine pantomimische Spiele. Auch diese Spiele eignen sich zum Trainieren des sprachlichen und körperlichen Ausdruckvermögens, zum Fantasieren und Improvisieren *(vgl. Thiesen, 1989, S. 67)*.

106) Die Kochlöffelpuppe

Man benötigt einen Holzkochlöffel, den man nach Belieben gestaltet. Als Kopf dient die Schale des Kochlöffels, das Gesicht kann aufgemalt oder aufgeklebt werden (Wollreste können z. B. die Haare der Puppe bilden), das Kleid wird mit einem Band am Stiel des Kochlöffels befestigt. Mit der Kochlöffelpuppe wird gespielt, indem sie um die eigene Körperachse gedreht wird *(vgl. Mühldorfer, 1994, S.11)*.

107) Das Krokodil aus Eierkartons

Es werden zwei Eierkartons benötigt, die übereinander geklebt werden. Hierbei lässt sich ein Karton als Maul öffnen. Mithilfe von Filzstoffen und entsprechender Bemalung kann z. B. ein Ungetüm entstehen. Ein einfacher Ärmel (z. B. aus grünem Stoff) dient als Körper dieses Krokodils, Drachens u. Ä. *(vgl. Mühldorfer, 1994, S. 11 und 15)*.

108) Heiteres Beruferaten

Alter der Mitspieler:	ab 6 Jahren	**Spieldauer:**	ca. 5 Minuten
Anzahl der Mitspieler:	ab 4 Spieler	**Material:**	–

Ein Spieler denkt sich einen Beruf aus und stellt typische Bewegungen mithilfe von Gestik und Mimik dar. Die anderen Spieler müssen erraten, welchen Beruf der Darsteller ausübt.

Beispiele:
Arzt bei der Operation, Lehrer in der Schule, Erzieherin, die mit Kindern ein Singspiel durchführt, Koch, Zahnarzt, Kassiererin im Supermarkt.

Variationen (für ältere Kinder):
Als Prominente auftreten,
Gefühle darstellen,
Personen aus dem Kreis spielen *(mündlich überliefert)*.

109) Verfolgungsjagd

Alter der Mitspieler:	ab 8 Jahren	**Spieldauer:**	ca. 5 Minuten
Anzahl der Mitspieler:	ab 10 Spieler	**Material:**	–

Es werden Paare gebildet. Der eine Spielpartner geht hinter seinem Partner her und ahmt dessen Gang in übertriebener Weise nach, bis er meint, dass ihm dieses gut gelingt. Dann geht er in dieser Weise weiter und lässt sich wiederum von seinem Partner verfolgen, der nun noch einmal mehr die übertriebenen Bewegungen übertreiben muss. Das Spiel wird vom Spielleiter beendet, wenn er bemerkt, dass die Spieler an die Grenzen ihrer möglichen Übertreibungen gelangt sind oder sich vor Lachen nicht mehr weiter bewegen können *(vgl. Thiesen, 1994, S. 49)*.

110) Reimwortpantomime

Alter der Mitspieler: ab 8 Jahren **Spieldauer:** ca. 10 Minuten
Anzahl der Mitspieler: 5-10 Spieler **Material:** vorbereitete Karten mit Reimwörtern

Die Spielleiterin sagt allen Mitspielern, dass sie zu einem bestimmten Wort wie z. B. „Brot" ein bestimmtes Reimwort sucht, das ihr die einzelnen Teilnehmer jedoch nicht sagen, sondern auf andere Weise mitteilen sollen. Sie können das gesuchte Wort mit Gestik und Mimik darstellen, es zeichnen o. Ä.
So würde sich z. B. ein Mitspieler „tot stellen" und die Spielleiterin würde sagen: „Nein, „tot" meine ich nicht."
Ein zweiter Mitspieler spielt jemanden, der in Not geraten ist und sie sagt: „Nein, ‚Not' meine ich auch nicht."
Ein Dritter, der etwas Rotes auf sein Blatt malt, erhält schließlich die Antwort: „Ja, ‚rot' ist mein gesuchtes Reimwort."

Weitere mögliche Kombinationen:

Wort, das den Mitspielern genannt wird	Gesuchtes Reimwort
Fliesen	niesen
Reis	Eis
essen	messen
schellen	bellen
säen	nähen
Schlüssel	Rüssel
Vase	Hase
springen	singen
haben	graben
dicht	Licht

(vgl. Vohland, 1998, S. 62 f.)

111) Wer angibt, hat mehr vom Leben

Alter der Mitspieler: ab 9 Jahren **Spieldauer:** jede Spielrunde, ca. 5 Minuten
Anzahl der Mitspieler: 5-10 Spieler **Material:** –

Drei Kinder spielen die „Angeber", die anderen sind Beobachter. Die Angeber versuchen sich gegenseitig zu überbieten, indem sie z. B. darstellen:

- welche Fähigkeiten sie besitzen, ihre Eltern herumzukommandieren,
- was sie von ihren Eltern als Taschengeld und sonst noch erhalten,
- welche Fernsehsendungen sie sehen dürfen *(vgl. Vohland, 1998, S.32)*.

4.2 Bewegungsspiele

Das Grundschulkind ist an vielen Bewegungsspielformen interessiert. Es möchte Leistung zeigen und seine Leistungen mit anderen vergleichen.

Die meisten Bewegungsspiele sind an bestimmte Regeln gebunden, die es unbedingt einzuhalten gilt. Zudem nehmen sie immer stärker Wettkampfcharakter an und werden unter einem bestimmten Zielaspekt durchgeführt (z. B. wer kann am längsten Seilchen springen?).

112) Hüpfkästchen (Geschicklichkeitsspiel)

Alter der Mitspieler:	ab 6 Jahren	**Spieldauer:**	ca. 10 Minuten
Anzahl der Mitspieler:	ab 2 Spieler	**Material:**	Straßenkreide

Es wird draußen auf der Straße oder dem Schulhof ein Spielplan aus Kästchen z. B. in Form eines T, eines Kreuzes oder einer Schnecke aufgezeichnet. Die Kinder springen dann nach bestimmten Regeln der Reihe nach durch die Kästchen. Wird ein Fehler gemacht, muss man aussetzen und warten, bis alle anderen Spieler gesprungen sind. Erreicht man sofort das Ziel, ist man Sieger, muss jedoch alle anderen Mitspieler ebenfalls springen lassen, und so gibt es unter Umständen in einer Runde mehrere Sieger, wenn alle fehlerfrei „durchkommen". Die einfachste Form – das „T" (siehe Beispiel) – wird folgendermaßen gesprungen:

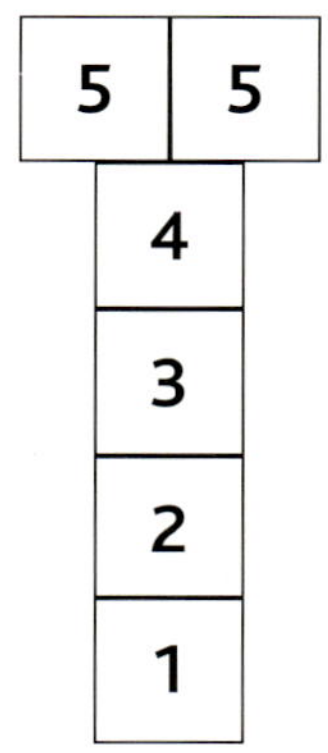

Man hüpft von Kästchen zu Kästchen, dann mit einem Grätschsprung in die beiden „5" hinein, dann wird ein Wendesprung vorgenommen, man steht wieder auf den beiden „5" und hüpft dann mit Sprüngen die „4", „3", „2" und „1" hinaus *(mündlich überliefert)*.

113) Seilchenspringen (Geschicklichkeitsspiel)

Alter der Mitspieler:	ab 6 Jahren	**Spieldauer:**	beliebig
Anzahl der Mitspieler:	ab 1 Spieler	**Material:**	Seilchen

Spielmöglichkeiten:

- Alleine (man springt mit geschlossenen Beinen vorwärts, rückwärts, mit gekreuzten Armen usw.),
- als Paar springt man in einem längeren Seil dicht nebeneinander,
- als Gruppe von drei Personen schwingen zwei Kinder das Seil und ein drittes Kind springt in das Seil hinein, hüpft nach einem bestimmten Liedtext, wie z. B.:

„Teddybär, Teddybär, hüpf hinein!
Teddybär, Teddybär, heb dein Bein!
Teddybär, Teddybär, mach dich krumm!
Teddybär, Teddybär, ganz herum!
Teddybär, Teddybär, ruh dich aus!
Teddybär, Teddybär, hüpf hinaus!" *(mündlich überliefert)*

114) **Gummitwist** *(Geschicklichkeitsspiel)*

Alter der Mitspieler:	ab 6 Jahren	**Spieldauer:**	beliebig
Anzahl der Mitspieler:	ab 3 Spieler	**Material:**	ein zusammengeknotetes Gummiband

Zwei Mitspieler stehen sich ca. zwei Meter gegenüber und haben das Gummiband um die Waden. Sie stehen leicht gegrätscht und haben das Gummi zwischen sich gespannt. Die dritte Spielerin springt in das Gummi und führt nach bestimmten Regeln und in einer bestimmten Reihenfolge verschiedene Figuren aus, wie z. B.:

1. In die Mitte springen und wieder hinaus,
2. mit beiden Füßen auf beide Seiten des Gummibandes und wieder zurück,
3. das Gleiche nochmals, jedoch dabei einen Fuß unter das Gummi setzten und den anderen über das Gummi setzen,
4. seitlich stellen und das Gummi der einen Seite mit einem Fuß über die andere Seite schlingen.

Die Rollen werden getauscht, sobald die Springerin einen Fehler macht *(mündlich überliefert)*.

115) **Fuchsball** *(Ballspiel)*

Alter der Mitspieler:	ab 6 Jahren	**Spieldauer:**	beliebig
Anzahl der Mitspieler:	8-15 Spieler	**Material:**	ein Wurfball, Markierungsmaterial zum Abgrenzen des Spielfeldes

Es wird ein Spielfeld abgesteckt. In diesem Spielfeld läuft eine Gruppe flinker Hasen umher. Ein Kind wird zum Fuchs ernannt und hat einen Ball in der Hand. Mit diesem versucht es, die anderen Kinder abzuwerfen. Hat es ein Kind abgetroffen, wird dieses ebenfalls zum Fuchs und darf mit abwerfen *(vgl. Thiesen, 1986, S. 70)*.

116) **Flaschenkegeln** *(Wurfspiel)*

Alter der Mitspieler:	ab 6 Jahren	**Spieldauer:**	ca. 15 Minuten
Anzahl der Mitspieler:	5-10 Spieler	**Material:**	9 leere Plastikflaschen, ein Ball

Es werden neun leere Plastikflaschen in einem Feld aufgestellt. Von einer ca. fünf Meter entfernten Linie aus müssen sie durch einen gerollten Ball umgeworfen werden. Wer hat nach drei Kegelversuchen die meisten Flaschen umgeworfen *(vgl. Thiesen, 1986, S. 83)*?

117) *Schlangenspiel* (*Lauf- und Fangspiel*)

Alter der Mitspieler:	ab 6 Jahren	**Spieldauer:**	beliebig
Anzahl der Mitspieler:	ab 5 Spieler	**Material:**	–

Alle mitspielenden Kinder bilden eine Schlange. Der Kopf versucht, den Schwanz zu fangen. Ist dies gelungen, wechseln „Kopf- und Schwanzspieler" mit Kindern aus der Mitte *(mündlich überliefert)*.

118) *Wer ist zuerst angezogen* (*Wettspiel*)

Alter der Mitspieler:	ab 6 Jahren	**Spieldauer:**	ca. 5 Minuten
Anzahl der Mitspieler:	ab 2 Spieler	**Material:**	zwei Mäntel, zwei Schals, zwei Mützen, zwei Paar Handschuhe

Über zwei Stühle wird jeweils ein Mantel, eine Mütze, ein Schal und Handschuhe gehängt. Auf ein Kommando versuchen zwei Spieler, die relativ gleich gewandt sind, sich möglichst schnell diese Kleidungsstücke anzuziehen. Wer schafft es zuerst?

119) *Witziger Wettbewerb*

Alter der Mitspieler:	ab 7 Jahren	**Spieldauer:**	ca. 5 Minuten für jede Aufgabe
Anzahl der Mitspieler:	6-10 Spieler	**Material:**	–

Es werden zwei Mannschaften gebildet, die nacheinander Aufgaben erfüllen müssen. Hierzu stellen beide Mannschaften jeweils einen Kandidaten, bis alle einmal an der Reihe waren.

Die Mannschaft, dessen Kandidat die jeweilige Aufgabe zuerst erfüllt hat, erhält einen Punkt. Welche Mannschaft erzielt die meisten Punkte?

Mögliche Aufgaben:

- Mit den Zehen ein Stück Papier aufheben,
- auf dem Bauch liegen und um die Wette ein Schiff falten,
- hinsetzen und die Hände falten und mit den Füßen und dem Po über die gefalteten Hände steigen,
- mit einem Tennisball zwischen den Knien eine bestimmte Strecke zurücklegen,
- einen Stift auf die gerollte Oberlippe legen und versuchen, ihn möglichst lange dort zu behalten,
- etwas Leichtes, wie eine Feder oder ein Stück Watte über eine bestimmte Strecke pusten.

(vgl. Vohland, 1998, S. 46).

4.3 Karten- und Würfelspiele

120) *Lügen und Betrügen* (Kartenspiel)

Alter der Mitspieler:	ab 7 Jahren	**Spieldauer:**	bis ein Spieler alle Karten abgelegt hat
Anzahl der Mitspieler:	ab 3 Spieler	**Material:**	ein Kartenspiel mit 52 Karten

Es wird ein Kartenspiel mit 52 Karten benötigt. Die Karten werden gut gemischt und gleichmäßig an alle Mitspieler verteilt. Übrig gebliebene Karten werden unbenutzt beiseite gelegt, mit der Rückseite nach oben.
Der erste Spieler (links vom Geber) legt eine beliebige Karte ab und nennt dabei den Wert der Karte. Der nächste Spieler legt verdeckt eine Karte auf den Stapel und nennt dabei den folgenden Wert. So geht es reihum weiter, immer um eine Stufe höher bis zum Ass, dann beginnt das Zählen wieder bei der zwei usw.
Es bleibt den Spielern überlassen, den geforderten Wert oder eine „falsche" Karte abzulegen. In der ersten Runde darf noch nicht kontrolliert werden, ob der richtige Wert gelegt wurde, ab der zweiten Runde dürfen die Mitspieler klopfen, sobald sie vermuten, jemand habe eine falsche Karte abgelegt.
Beim Klopfen wird die letzte Karte umgedreht. Handelt es sich nicht um den angesagten Wert, hat der Spieler also betrogen, muss er sämtliche der bisher abgelegten Karten aufnehmen. Hat er nicht betrogen, muss der „Klopfer" die Karten aufnehmen.
Zudem besteht die Möglichkeit, zwischendurch einmal mit dem Ablegen auszusetzen. Das erhöht die Glaubwürdigkeit. Auch mehrere Karten gleichzeitig abzulegen ist erlaubt, d. h., es darf belogen und betrogen werden, nur erwischen lassen sollte man sich nicht!
Ziel des Spieles ist es, alle Karten abzulegen. Wer das als Erster geschafft hat, ist Sieger *(mündlich überliefert)*.

121) *Hundert* (Kartenspiel)

Alter der Mitspieler:	ab 9 Jahren	**Spieldauer:**	ca. 15 Minuten
Anzahl der Mitspieler:	ab 3 Spieler	**Material:**	ein Kartenspiel mit 32 Karten, Spielmarken oder Bonbons

Man benötigt ein Kartenspiel mit 32 Karten. Die Karten werden gemischt und an die Spieler verteilt. Karten, die übrig bleiben, werden offen auf den Tisch gelegt. Die Kartenwerte dieser Karten werden zusammengerechnet, sie bilden den Anfang des Ablegestoßes. Die Summe der beiden Karten nennt der Geber laut. Die einzelnen Karten haben folgende Werte:

Ass = 11
Zehn = 10
Neun = 9
Acht = 8
Sieben = 7
König = 4
Dame = 3
Bube = 2

Reihum werden die Handkarten abgelegt (man beginnt links vom Geber). Dabei wird der Wert der abgelegten Karte zur Summe der darunter liegenden Karten addiert. Der jeweilige Spieler nennt die neue Summe laut.
Ziel des Spieles ist es, ganz genau auf die Summe „Hundert" zu kommen.
Wer das schafft, ist Sieger und erhält von jedem Mitspieler drei Spielmarken (oder Bonbons). Wer jedoch mit seiner Karte nicht genau auf Hundert, sondern darüber kommt, der verliert und muss an jeden Mitspieler so viel Spielmarken zahlen, wie er Augen über hundert abgelegt hat. So sollte man versuchen, zu Beginn möglichst die hohen Karten abzulegen und die Karten mit niedrigeren Werten bis zum Schluss aufzubewahren *(mündlich überliefert)*.

122) Der Weg zur Hölle (Kartenspiel)

Alter der Mitspieler:	ab 9 Jahren	**Spieldauer:**	ca. 15 Minuten
Anzahl der Mitspieler:	3-6 Spieler	**Material:**	ein Kartenspiel mit 52 Karten, ein kleiner Teller oder Bierdeckel, für jeden Spieler 3 Markierungspunkte (z. B. Klebepunkte) und ein Spielpüppchen

Zunächst wird ein kleiner Teller als Symbol für die „Hölle" in die Mitte des Tisches gestellt. Jeder Spieler klebt nun zwischen seinem Platz und der „Hölle" die drei Klebepunkte. Sie stellen die einzelnen Stationen auf dem Weg zur Hölle dar. Die Spielleiterin verteilt verdeckt an jeden Spieler eine Karte. Auf ihr Kommando hin, drehen alle die Karten um. Wer den niedrigsten Kartenwert hat, hat die Runde verloren und setzt sein Spielpüppchen auf die erste Station. Wer zuerst die Hölle erreicht hat, muss ausscheiden. Es wird so lange gespielt, bis nur noch ein Spieler übrig ist. Sind alle Karten verteilt, bevor alle außer einem Spieler in der „Hölle" gelandet sind, hat derjenige gewonnen, der am weitesten von der Hölle entfernt steht *(mündlich überliefert)*.

Die einzelnen Karten haben folgende Werte:

Ass = niedrigste Karte
Zwei = 2
Drei = 3
Vier = 4
Fünf = 5
Sechs = 6
Sieben = 7
Acht = 8
Neun = 9
Zehn = 10
Bube = 10
Dame = 10
König = 10

123) Geld verlieren (Würfelspiel)

Alter der Mitspieler:	ab 9 Jahren	**Spieldauer:**	je Durchgang ca. 5 Minuten
Anzahl der Mitspieler:	ab 2 Spieler	**Material:**	1-3 Würfel

Von einer Ausgangssumme (nach Absprache) wird je Spielrunde die gewürfelte Menge abgezogen (hierbei kann nach Belieben mit einem, zwei oder drei Würfeln gespielt werden). Es wird so lange gewürfelt, bis die Vermögenssumme aufgebraucht ist *(mündlich überliefert)*.

124) Hohe und niedrige Hausnummern (*Würfelspiel*)

Alter der Mitspieler:	ab 9 Jahren	**Spieldauer:**	je Durchgang ca. 5 Minuten
Anzahl der Mitspieler:	ab 2 Spieler	**Material:**	3 Würfel, Papier und Stift

Ziel dieses Spiels ist es, möglichst hohe bzw. niedrige dreistellige Hausnummern zu würfeln. Hierzu zeichnet jeder Spieler eine Tabelle auf ein Blatt, in die er die Ergebnisse jeder Runde einträgt.

H	Z	E

Jeder Spieler hat maximal drei Würfe. In der ersten Runde wird mit drei Würfeln gewürfelt. Nach diesem Wurf entscheidet der Spieler ob er einen, zwei oder drei Würfel stehen lässt. Hierbei zählt die Augenzahl eines Würfels als Einer, Zehner oder Hunderter. Wird z. B. „hohe Hausnummern" gespielt und der Spieler würfelt in der ersten Runde nur Fünfer und Sechser, bietet es sich an, nicht noch einmal zu würfeln. Hat er nur niedrige Zahlen gewürfelt, muss er dennoch einen Würfel stehen lassen, dessen Wert dann unter der Rubrik „Einer" eingetragen wird. Nach drei Würfen ist die Hausnummer vollständig und der nächste Spieler kann sein Glück versuchen. Wer die höchste Hausnummer eingetragen hat, ist Sieger.
Beim Spiel „niedrige Hausnummern" gelten die gleichen Regeln, jedoch gewinnt hier derjenige, der die niedrigste dreistellige Zahl gewürfelt hat *(mündlich überliefert)*.

125) Würfeln für den Gewinn (*Würfelspiel*)

Alter der Mitspieler:	ab 9 Jahren	**Spieldauer:**	ca. 10 Minuten
Anzahl der Mitspieler:	6-10 Spieler	**Material:**	–

Die Spieler stellen sich vor, sie hätten in einem Preisausschreiben eine Reise o. Ä. gewonnen, leider jedoch nur für eine Person. Also muss um den Preis gewürfelt werden und zwar auf folgende Weise:
Jeder schreibt auf einen Zettel die Zahlen von 1 bis 12 und noch vier weitere höhere Zahlen

Beispiel:

Jan															
1	2	3	4	5	6	7	8	9	10	11	12	23	41	34	17

Nun wird mit zwei Würfeln gleichzeitig gewürfelt, um die aufgeschriebenen Zahlen streichen zu können. Es darf in jeder Runde eine Zahl weggestrichen werden, die entweder direkt gewürfelt wurde oder sich mithilfe von Rechenoperationen (addieren, subtrahieren, multiplizieren, dividieren) oder durch Festlegen von Einern und Zehnern ermitteln lässt. Erscheint beispielsweise folgender Wurf, gibt es mehrere Möglichkeiten:

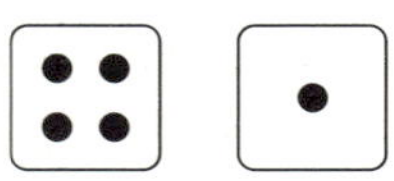

a) Die Vier oder die Eins werden gestrichen,
b) durch Addition: die Fünf wird gestrichen,
c) durch Subtraktion: die Drei wird gestrichen,
d) durch Festlegen von Einern und Zehnern: die 41 wird gestrichen.

Wer zuerst alle Zahlen gestrichen hat, ist Sieger und erhält den Preis *(vgl. Vohland, 1998, S. 77)*.

4.4 Sprech- und Schreibspiele

In der Schule lernen die Kinder schreiben, den Umgang mit Buchstaben, Wörtern und Sätzen.
Lesen und Schreiben kann schwierig und anstrengend sein, Misserfolgserlebnisse mit sich bringen, wenn man getadelt oder von den Klassenkameraden ausgelacht wird. Spiele mit Buchstaben, Wörtern und Sätzen können ein Gegengewicht zu diesen unerfreulichen Erlebnissen bilden und zudem dem Bedürfnis des Kindes entgegenkommen, mit dem zu spielen, was ihm täglich in die Hände und vor die Augen kommt. So mögen es Kinder im Schulalter besonders, mit Buchstaben, Wörtern und Sätzen zu spielen.

126) Mädchen oder Junge aus Paris *(Sprechspiel)*

Alter der Mitspieler:	ab 7 Jahren	**Spieldauer:**	ca. 3 Minuten pro Durchgang
Anzahl der Mitspieler:	5-15 Spieler	**Material:**	–

Alle Mitspieler sitzen im Kreis oder Halbkreis. Einer der Mitspieler geht herum und sagt sehr betont und geziert folgenden Satz:

**„Ich bin ein Mädchen (Junge) aus Paris,
hab' wunderschöne Sachen,
ich verbiete euch das Ja, das Nein,
das Weinen und das Lachen."**
(Flemming/Fritz, 1995, S. 66)

Dann geht er zu den einzelnen Mitspielern, fragt sie etwas oder zieht Grimassen und versucht so, die Mitspieler dazu zu bewegen, die Tabuworte Ja oder Nein zu nennen bzw. mit dem verbotenen Lachen zu beginnen. Hat jemand das Tabu gebrochen, ist sie/er das nächste Mädchen/der nächste Junge aus Paris.

127) Sprechsperre *(Sprechspiel)*

Alter der Mitspieler:	ab 8 Jahren	**Spieldauer:**	ca. 10 Minuten
Anzahl der Mitspieler:	ab 12 Spieler	**Material:**	für jeden Spieler Streichhölzer, bei denen der Kopf abgeknipst wurde, Zettel und Stift für jede Mannschaft

Es werden zwei Mannschaften gebildet, die sich in Stuhlreihen gegenübersitzen. Der letzte Spieler einer Mannschaft erhält Zettel und Stift, die anderen Gruppenmitglieder jeweils ein Streichholz, bei dem der Kopf abgeknipst wurde. Dieses Streichholz wird zwischen die oberen und unteren Schneidezähne geklemmt. Die Spielleiterin nennt den ersten Spielern der Mannschaften einen Begriff, der durch die Reihe weitergesagt wird. Im Gegensatz zum bekannten Spiel „Stille Post" jedoch laut anstatt leise.
Der letzte Spieler notiert dann, was er verstanden hat, während der nächste Begriff schon durchgesagt wird. Insgesamt werden zehn Begriffe genannt. Am Schluss werden die aufgeschriebenen Begriffe mit den richtigen Begriffen verglichen. Für jede richtige Antwort erhält die Mannschaft einen Punkt *(vgl. Flemming/Fritz, 1995, S.77)*.

128) Das ABC – Spiel (Spiel mit Buchstaben)

Alter der Mitspieler:	ab 8 Jahren	**Spieldauer:**	ca. 10 Minuten
Anzahl der Mitspieler:	6-20 Spieler	**Material:**	–

Alle Kinder sitzen im Kreis. Reihum werden Wörter mit den Anfangsbuchstaben in der Reihenfolge des Alphabetes genannt, d. h. der erste Spieler nennt ein Wort mit „A", der zweite Spieler ein Wort mit „B" usw.

Zunächst werden alle Wörter zugelassen, dann kann je nach Schuljahr auch verlangt werden, ein Wort einer bestimmten Wortart (z. B. nur Namen-Wörter, Tu-Wörter, Wie-Wörter) zu nennen *(vgl. Flemming/Fritz, 1995, S. 64)*.

129) Buchstaben bilden (Spiel mit Buchstaben)

Alter der Mitspieler:	ab 7 Jahren	**Spieldauer:**	ca. 5-10 Minuten
Anzahl der Mitspieler:	ab 6 Spieler	**Material:**	vorbereitete Zettel mit Buchstaben in Blockschrift

Es werden zwei Gruppen von drei bis vier Kindern gebildet. Jede Gruppe erhält einen Zettel mit einem Buchstaben in Blockschrift. Die Kinder sollen diesen Buchstaben in der Gruppe mit ihrem Körper darstellen. Die jeweilige andere Gruppe schaut zu und errät den Buchstaben *(vgl. Flemming/Fritz , 1995, S. 24)*.

130) Wort im Wort (Schreibspiel)

Alter der Mitspieler:	ab 8 Jahren	**Spieldauer:**	ca. 5-10 Minuten
Anzahl der Mitspieler:	kleinere Spielgruppen	**Material:**	für jeden Spieler eine kopierte Wörterliste, Stift

Jeder Mitspieler erhält eine Liste von Wörtern, in denen weitere Wörter versteckt sind. Auf ein bestimmtes Zeichen hin beginnen alle Spieler, die versteckten Wörter zu umkreisen. Wer als Erster fertig ist, klopft, und alle müssen aufhören. Nun wird vorgelesen und verglichen: Hat ein anderer auch das Wort gefunden? Wo befindet sich das genannte Wort? usw.

Mögliche Wörterliste: Wanne, Astern, Klosett, Stiefel, Meinung, Wind, Rauch
(vgl. Flemming/Fritz , 1995, S. 54)

131) *Fließbandsatz (Schreibspiel)*

Alter der Mitspieler:	ab 8 Jahren	**Spieldauer:**	ca. 10 Minuten
Anzahl der Mitspieler:	ab 6 Spieler	**Material:**	vorbereiteter Zettel mit Fragen nach bestimmten Satzteilen, Stifte für jeden Spieler

Die Spielleiterin bereitet einen Zettel vor (Querformat), auf welchem in der ersten Zeile folgende u. ä. Fragen nach bestimmten Satzteilen stehen:

- **Wer** (tut etwas)?
- **Was** (tut diese Person)?
- **Mit wem** (tut die Person etwas)?
- **Wann** (tut die Person etwas)?
- **Wo** (tut die Person etwas)?
- **Warum** (tut die Person etwas)?

Der Zettel wird reihum gegeben. Jeder antwortet auf eine Frage und faltet das Blatt, so dass man die Antwort nicht mehr lesen kann. Der letzte Spieler liest den entstandenen Satz laut vor *(mündlich überliefert)*.

132) *Annas ruhiger Dackelverein (Schreibspiel)*

Alter der Mitspieler:	ab 8 Jahren	**Spieldauer:**	ca. 5 Minuten
Anzahl der Mitspieler:	ab 2 Spieler	**Material:**	vorbereiteter Zettel mit 6-10 Abkürzungen, Stifte für jeden Spieler

Die Spielleiterin notiert untereinander einige bekannte Abkürzungen, wie z. B. ARD, ZDF, CDU, SPD, WMF, BMW, BVB und kopiert diese für alle Spieler. Nun wird versucht, den einzelnen Buchstaben dieser Abkürzungen neue Bedeutungen zu geben, so dass interessante Vereine o. Ä. entstehen. Wer einen Verein erfunden hat, liest seine Lösung laut vor *(vgl. Flemming/Fritz, 1995, S.40)*.

Beispiele:
ARD = Annas ruhiger Dackelverein
CDU = Connys Dauerduscher Unternehmen

133) *Zeitungssatz (Spiel mit Wörtern)*

Alter der Mitspieler:	ab 8 Jahren	**Spieldauer:**	ca. 5-10 Minuten
Anzahl der Mitspieler:	3 oder mehr	**Material:**	DIN A 4-Blätter, Schere und Klebstoff und für jeden Spieler, mehrere Tageszeitungen

Jeder Mitspieler erhält ein Blatt, eine Schere, Klebstoff und einen Teil einer Tageszeitung. Die Spielleiterin nennt einen bekannten Satz, wie z. B. den Liedanfang: „Die Affen rasen durch den Wald". Auf ihr Kommando hin beginnen die Mitspieler, diesen Satz möglichst schnell nachzubilden, indem sie Wörter und Buchstaben aus der Zeitung ausschneiden und auf das Blatt kleben. Wer zuerst den Satz vollständig fertiggestellt hat, ist Sieger *(vgl. Flemming/Fritz, 1995, S.20)*.

4.5 Ratespiele

134) Banane

Alter der Mitspieler:	ab 7 Jahren	**Spieldauer:**	ca. 10 Minuten
Anzahl der Mitspieler:	6-20	**Material:**	–

Während ein Spieler den Raum verlässt, denken sich die anderen eine Tätigkeit (z. B. Schuhe putzen) aus. Nachdem der ratende Spieler wieder im Raum ist, sprechen die Mitspieler von dieser Tätigkeit nur noch als „Banane". Mit gezielten Fragen muss die Tätigkeit erraten werden, z. B: „Kann man von dieser Banane leben?" „Kann Onkel Christian Banane?"
Nach ca. fünf Fragen können auch Hilfen gegeben werden, wie: „Zu der Banane braucht man eine Bürste".
Das Spiel ist beendet, wenn die Tätigkeit erraten wurde *(mündlich überliefert)*.

135) Prominentenraten

Alter der Mitspieler:	ab 8 Jahren	**Spieldauer:**	10-15 Minuten
Anzahl der Mitspieler:	5 oder mehr	**Material:**	für jeden Spieler einen vorbereiteten Zettel mit Namen einer berühmten Persönlichkeit (z. B. Comicfiguren), Sicherheitsnadel

Einem Spieler wird mit einer Sicherheitsnadel ein Zettel auf den Rücken geheftet, auf dem der Name einer berühmten Persönlichkeit steht. Alle anderen wissen, wen derjenige darstellt, er selbst muss durch Fragen herausfinden, wer er ist. Die Fragen müssen so formuliert werden, dass sie nur mit Ja oder Nein beantwortet werden können. Nach spätestens 15 Fragen, muss der Spieler jedoch die Lösung gefunden haben. Ansonsten wird ihm sein „Künstlername" mitgeteilt und der Nächste versucht sein Glück *(mündlich überliefert)*.

Beispiele für „Prominente" aus Comics und Kindersendungen:

Donald Duck, Pluto, Benjamin Blümchen, Sponge Bob, die Maus, Käpt'n Blaubär

136) Montagsmaler

Alter der Mitspieler:	ab 8 Jahren	**Spieldauer:**	je Spielrunde 3 Minuten
Anzahl der Mitspieler:	6 oder mehr	**Material:**	Tafel o. ä, Zettel mit Begriffen, die sich gut malen lassen

Es werden zwei Mannschaften gebildet, die nacheinander innerhalb einer Zeitspanne von drei Minuten möglichst viele Zeichnungen erkennen müssen. Hierzu wird eine Stuhlreihe vor der Tafel gebildet.
Auf das Startzeichen des Spielleiters holt sich der erste Spieler einen Zettel von ihm ab, auf dem der Name eines Gegenstandes, einer Pflanze, eines Tieres o. Ä. steht.
Der Spieler zeichnet diesen Begriff so lange, bis seine Mannschaft ihn erraten hat. Dann startet der zweite Spieler usw., bis der Spielleiter nach drei Minuten das Schlusszeichen gibt. Für jeden erratenen Begriff erhält die Mannschaft einen Punkt. Nach den drei Minuten versucht die zweite Mannschaft ihr Glück.
Welche Gruppe hat am Ende die meisten Punkte erzielt?

Anmerkung:
Wird ein Begriff nicht erraten, holt sich der Spieler einen neuen Zettel. Es gibt aber keinen Punktabzug, da ohnehin schon Zeit verloren wurde *(vgl. Woesler, 1981, S. 72 f.)*.

137) *Was ist das für ein „Dings-da"?*

Alter der Mitspieler:	ab 9 Jahren	**Spieldauer:**	ca. 5 Minuten für jede Aufgabe
Anzahl der Mitspieler:	5-15 Spieler	**Material:**	–

Ein Spieler denkt sich einen Gegenstand, ein Tier o. Ä. aus und beginnt, das Ausgedachte zu beschreiben, ohne es selbst zu nennen. Stattdessen spricht er vom „Dings-da". So erklärt er z. B. wofür man das „Dings-da" benötigt, welche Farbe es hat, wo man es am häufigsten sehen kann usw. Er beschreibt es so lange, bis ein Mitspieler weiß, um was es sich bei dem „Dings-da" handelt *(vgl. Vohland, 1998, S. 56)*.

138) *Märchenrätsel*

Alter der Mitspieler:	ab 9 Jahren	**Spieldauer:**	ca. 10 Minuten
Anzahl der Mitspieler:	5-15 Spieler	**Material:**	vorbereitetes Märchen mit Fragen (Beispiel: siehe unten)

Es werden zwei Mannschaften gebildet, die im Wechsel als Gruppe versuchen, den Titel eines Märchens zu erraten. Hierzu liest der Spielleiter jeweils eine Textpassage eines selbstgeschriebenen Textes vor, in dem ein bekannter Spruch eines berühmten Märchens versteckt ist.
Für jede richtige Antwort erhält die jeweilige Gruppe einen Punkt. Man hat zehn Sekunden Zeit, die richtige Antwort zu finden. Es darf nur einmal geraten werden.
Wird die Frage nicht oder falsch beantwortet, liest der Spielleiter die richtige Antwort vor. Gewonnen hat die Mannschaft, welche die meisten Punkte erzielt hat *(vgl. Vohland, 1998, S. 38)*.

1. Es waren einmal zwei pfiffige Kinder, die Süßigkeiten über alles liebten. Wenn die Mutter gerade einen Kuchen gebacken hatte, begannen sie von diesem zu naschen. Die Mutter fragte dann jedes Mal: *„Wer war denn bloß diesmal das Knabbermäuschen?"* Immer antworteten die Kinder: *„Der Wind, der Wind, das himmlische Kind."* (Hänsel und Gretel).
2. Die Ferien verbrachten sie bei ihrer Oma, die eine Bäckerei besaß. Jedes Mal, wenn sie die Oma sahen, wunderten sie sich, wie sie sich im Laufe der Jahre veränderte. Einmal fragte das Mädchen: *„Oma, warum hast du so große Hände?"* Zur Antwort bekam es: *„Damit ich besser backen kann."* (Rotkäppchen)
3. Das glaubte man sofort, denn die Oma konnte wirklich fantastische Kuchen backen. Die Schwarzwälder-Kirschtorte gelang ihr besonders gut. Sie war mit Sahne, so weiß wie Schnee bedeckt, der Schokoboden, so schwarz wie Ebenholz war einfach köstlich und unübertroffen die Amarena-Kirschen, die, so rot wie Blut, die Umrandung des Kuchens bildeten. (Schneewittchen)
4. Weil die Oma tagsüber so beschäftigt war, blieben die Kinder ab und zu alleine in ihrem großen Haus. Dann freuten sie sich, wenn es abends an der Tür klopfte und die Oma rief: *„Macht auf, ihr lieben Kinder, eure liebe Oma ist da und hat jedem von euch etwas mitgebracht."* (der Wolf und die sieben Geißlein)
5. Am Wochenende halfen sie der Oma häufig im Garten, ernteten die Pflaumen und schüttelten den großen Apfelbaum. Einmal als sie ganz in ihr Spiel vertieft waren, vergaßen sie diesen Baum. Da meinten sie, eine Stimme zu hören, die sprach: *„Ach rüttle mich, ach schüttle mich, wir Äpfel sind alle miteinander reif."* (Frau Holle)
6. Sie erschraken sehr, aber dann sahen sie den Opa, der sich vor Lachen schüttelte und nicht mehr aufhören wollte. Wütend rief der Junge: *„Ach wenn's dir doch nur gruselte, dann würdest du endlich aufhören zu lachen."* (Von einem, der auszog, das Fürchten zu lernen)
7. Der Großvater meinte aber nur: *„Ich sehe doch, wie faul ihr seid, da muss ich euch manchmal ein bisschen ärgern. Jetzt aber schnell an die Arbeit: Die guten Äpfel ins Töpfchen voller Wonne, die faulen ab in die grüne Tonne."* (Aschenputtel)
8. *„Na warte nur"*, dachte das Mädchen *„dir werde ich auch noch einen Streich spielen."* Und als sie dem Opa den köstlichen Eintopf servierte, siehe da, fehlte die leckere Bockwurst, welche die Oma extra für Opa gekauft hatte. *„Wer hat von meinem Tellerchen gegessen?"*, fragte er. (Schneewittchen)
9. *„Ich glaube das war der Mantje, Mantje Timpe Te, der kriegt von seiner Ökomutter immer nur Obst und grünen Tee"*, sprach da die Oma. (Der Fischer und seine Frau)
10. *„Nein Frau, das war deine Enkelin, die uns schon viel zu lange geärgert hat. Da bin ich richtig froh, dass bald die Ferien vorbei sind."* Erleichtert seufzte der Opa und murmelte in seinen Bart: *„Morgen back ich, übermorgen hau ich Holz und überübermorgen, da bring ich der Schwiegertochter die Kinder endlich zurück"*. (Rumpelstilzchen)

4.6 Lieder für Kinder im Schulalter

139) „Die Affen rasen durch den Wald"

Die Affen rasen durch den Wald, der eine macht den ander'n kalt, die ganze Affenbande brüllt: Wo ist die Kokosnuss, wo ist die Kokosnuss, wer hat die Kokusnuss geklaut?
Die Affenmama sitzt am Fluss und angelt nach der Kokosnuss.
Die ganze Affenbande ...
Der Affenonkel, welch ein Graus, reißt alle Urwaldbäume aus.
Die ganze Affenbande ...
Die Affentante kommt von fern, sie isst die Kokosnuss so gern.
Die ganze Affenbande ...
Der Affenmilchmann, dieser Knilch, der wartet auf die Kokosmilch.
Die ganze Affenbande ...
Das Affenbaby voll Genuss, hält in der Hand die Kokosnuss.
Die ganze Affenbande brüllt: „Da ist die Kokosnuss ... es hat die Kokosnuss geklaut!"
Die Affenoma schreit „Hurra! Die Kokosnuss ist wieder da!"
Die ganze Affenbande brüllt: „Da ist die Kokosnuss ... es hat die Kokosnuss geklaut!"
Und die Moral von der Geschicht':
Klaut keine Kokosnüsse nicht, weil sonst die ganze Bande brüllt: „Wo ist die ..."

Quelle: überliefert

140) Geburtstagslied: „Und wer im Januar geboren ist"

Und wer im Januar Geburtstag hat, tritt ein, tritt ein, tritt ein!
Er mache im Kreis einen tiefen Knicks, recht tief, recht tief, recht tief!
I: Mädel, dreh dich, Mädel, dreh dich!
Mach hopsassa-sa! -sa! :I *Quelle: überliefert*

Tanzform: Die Kinder stehen angefasst im Kreis. Das aufgerufene Geburtstagskind tritt in den Kreis und macht drei Knickse. Beim Refrain tanzt das Kind, und die anderen Kinder klatschen.
Nun kommt der nächste Monat dran, bis alle Monate aufgerufen wurden.

141) Spiellied: „Der Gorilla mit der Sonnenbrille"

1. Der Gorilla mit der Sonnenbrille,
uhh-la-la,
tanzt so gerne mit Sybille,
uhh-la-la.
Den Mambo tanzen beide gerne,
uhh-la-la,
abends zeigt er ihr die Sterne,
uhh-la-la,
Seht euch den Gorilla an:
Wie er Mambo tanzen kann!
Ja er tanzt so elegant
mit Sybille an der Hand.

2. Der Gorilla mit der Sonnenbrille,
uhh-la-la,
liebt es laut, und nicht die Stille,
uhh-la-la,
Drum gehn sie in die Disco beide,
uhh-la-la,
Bille trägt ein Kleid aus Seide,
uhh-la-la. *Refrain*

3. Der Gorilla mit der Sonnenbrille,
uhh-la-la,
braucht zum Tanzen keine Pille,
uhh-la-la,
Denn will er einen Mambo bringen,
uhh-la-la,
lässt er seine Beine schwingen,
uhh-la-la. *Refrain*

4. Der Gorilla mit der Sonnenbrille,
uhh-la-la,
macht bei Bille killekille,
uhh-la-la,
Dann nimmt er sie in seine Arme.

Uhh-la-la,
sie ist seine Herzensdame
uhh-la-la! *Refrain*

*Quelle: Text und Melodie: Volker Rosin,
Rechte: Moon-Records-Verlag, Düsseldorf*

142) Bewegungslied: „Laurentia, liebe Laurentia mein"

1. Laurentia, liebe Laurentia mein,
wann werden wir wieder beisammen sein?
Am Montag!

2. Ach, wenn es doch schon wieder Montag wär',
und ich bei meiner Laurentia wär',
Laurentia wär'.

3. Laurentia, liebe Laurentia mein,
wann werden wir wieder beisammen sein?
Am Dienstag!

4. Ach, wenn es doch schon wieder Montag, Dienstag wär' …

Es wird so lange gesungen, bis alle Wochentage verwendet wurden.

Letzte Strophe: Ach, wenn es doch schon wieder Montag, Dienstag, Mittwoch, Donnerstag, Freitag, Samstag, Sonntag wär', und ich bei meiner Laurentia wär', Laurentia wär'!

Quelle: mündlich überliefert

143) „Auf der Mauer, auf der Lauer"

Auf der Mauer, auf der Lauer sitzt'ne kleine Wanze,
auf der Mauer, auf der Lauer sitzt'ne kleine Wanze,
Seht euch mal die Wanze an, wie die Wanze tanzen kann!
Auf der Mauer, auf der Lauer sitzt'ne kleine Wanze.

Quelle: überliefert

144) Spiellied: „Hab 'ne Tante in Marokko"

1. Hab' 'ne Tante in Marokko, und die kommt – hip hoi!
   Hab' 'ne Tante in Marokko, und die kommt – hip hoi!
   Hab' 'ne Tante in Marokko,
   hab' 'ne Tante in Marokko,
   hab' 'ne Tante in Marokko, und die kommt – hip hoi
   hoppel poppel!

2. Und sie kommt auf zwei Kamelen, wenn sie kommt – hip hoi
   hoppel poppel!

3. Und sie schießt mit zwei Pistolen, wenn sie kommt – hip hoi
   hoppel poppel, piff paff!

4. Und dann läuten wir die Glocken, wenn sie kommt – hip hoi
   hoppel poppel, piff paff, ding dong!

5. Und dann singen wir ein Liedchen, wenn sie kommt – hip hoi
   hoppel poppel, piff paff, ding dong, la la!

6. Und dann schlachten wir ein Schweinchen, wenn sie kommt- hip hoi
   hoppel poppel, piff paff, ding dong, la la, chrr chrr!

7. Und dann kriegen wir 'nen Brief, dass sie nicht kommt - hip hoi
   hoppel poppel, piff paff, ding dong, la la, chrr chrr, ooooooooh!

Quelle: Margit Küntzel-Jansen, Melodie: trad. (frei), Rechte: Georg Kallmeyer Verlag, Wolfenbüttel

5 Spiel- und Beschäftigungsvorschläge für Teenager und Jugendliche

5.1 Tanz- und Discospiele

145) *Zeitungstanz*
146) *Tanz mit Verkleidungen*
147) *Tanz mit Tüchern*
148) *Stopptanz mit Karten*
149) *Hänsel tanzt mit Gretel*

5.2 Darstellende Spiele

150) *Gesprächssituationen nachspielen*
151) *Personenparty*
152) *Superstar gesucht*

5.3 Spiele mit Sprache

153) *Geschichte mit „E" erfinden*
154) *Aus einem Wort neue Wörter bilden*
155) *Das Lexikon-Spiel*

5.4 Spiele für Freizeiten

156) *Täter gesucht*
157) *Das große Suchspiel*
158) *Fotorallye*
159) *Hans im Glück*

5.5 Kreativangebote

160) *Sockenpüppchen*
161) *Freundschaftsbänder*
162) *Perlenketten*

5.1 Tanz- und Discospiele

145) Zeitungstanz

Alter der Mitspieler:	beliebig	**Spieldauer:**	ca. 10 Minuten
Anzahl der Mitspieler:	ab 10 Spieler	**Material:**	für jedes „Tanzpaar" eine Zeitung, CD-Player, CD

Es werden Paare gebildet. Jedes Paar tanzt auf einer aufgeschlagenen Zeitung. Wenn die Musik stoppt, wird die Zeitung jeweils in der Mitte gefaltet. Welches Paar schafft es, am längsten auf einer Zeitung zu tanzen, ohne den Boden zu berühren *(mündlich überliefert)*?

146) Tanz mit Verkleidungen

Alter der Mitspieler:	beliebig	**Spieldauer:**	mit Schminken und Verkleiden ca. 20 Minuten
Anzahl der Mitspieler:	ab 10 Spieler	**Material:**	Schminkutensilien, Spiegel, verschiedene Kopfbedeckungen, Tücher, Brillen, Jacken, Mäntel usw. CD-Player, CD

Die genannten Materialien werden an den Rand der Tanzfläche gelegt und es wird eine Schminkecke mit Spiegel eingerichtet. Die Spielleiter beginnen, sich zu verkleiden, zu schminken und animieren so die Jugendlichen, es ihnen gleich zu tun.

Mit dieser Verkleidung werden dann Tänze ausprobiert. Spielleiter können hier Impulse durch Fragen geben: „Wie tanzt man wohl als Hexe, Opa, feine Dame?"

Nach einer ausreichenden Experimentierphase können dann auch kleine Ballettszenen entwickelt werden, die unter ein bestimmtes Motto gestellt werden, wie z. B. „Hexen-Rock", „Gespensterblues", „Ballett der vornehmen Damen".

Vielleicht entwickelt eine Gruppe hierbei einen Tanz, der bei einer Feier o. Ä. vorgeführt werden kann *(mündlich überliefert)*.

147) Tanz mit Tüchern

Alter der Mitspieler:	beliebig	**Spieldauer:**	ca. 20 Minuten
Anzahl der Mitspieler:	ab 5 Spieler	**Material:**	für jeden Spieler 1 Tuch ca. 90 x 90 (Seide o. Ä.) CD-Player, CD

Alle Mitspieler erhalten ein Tuch und probieren zunächst allein, dann in kleineren Gruppen Bewegungsabläufe mit dem Tuch aus.

Anstatt des Tuches können natürlich auch andere Objekte wie farbige Bänder, Stäbe usw. eingesetzt werden *(mündlich überliefert)*.

148) Stopptanz mit Karten

Alter der Mitspieler: Jugendliche/Erwachsene
Anzahl der Mitspieler: ab 14 Spieler
Spieldauer: ca. 20 Minuten
Material: ein Skatspiel, Aufgabenzettel, CD Player, CD

Alle Spieler ziehen aus einem Skatspiel eine Karte. Dann beginnen sie zur eingespielten Musik zu tanzen. Während des Tanzes tauschen sie ihre Karten immer wieder ein, bis die Musik stoppt und die Spielleitung eine Karte benennt (z. B. Pik 10). Der Spieler, der diese Karte in der Hand hält, zieht eine Aufgabenkarte und löst die geforderte Aufgabe möglichst schnell. Dann beginnt die nächste Tanzrunde.

Beispiele für Aufgaben:
- Tanze mit einem Partner deiner Wahl einen Tango!
- Wähle fünf weitere Mitspieler aus. Stellt zusammen eine Gruppe von Zootieren dar!
- Singe mit einem Mitspieler deiner Wahl gemeinsam ein bekanntes Kinderlied!
- Lass dich von vier Personen durch den Raum tragen!
- Wähle einen Partner, mit dem du gemeinsam ein bekanntes Lied jodelst *(vgl. Breucker, 1992, S. 33)*.

149) Hänsel tanzt mit Gretel

Alter der Mitspieler: Jugendliche/Erwachsene
Anzahl der Mitspieler: ab 14 Spieler
Spieldauer: ca. 5 Minuten pro Tanz
Material: ein Körbchen mit beschrifteten Karten für die weiblichen Teilnehmer, ein Körbchen mit beschrifteten Karten für die männlichen Partner, CD-Player, CD

Die Spielleiterin hat Kärtchen vorbereitet, auf denen Namen berühmter Persönlichkeiten stehen. Es handelt sich um Paare, so dass immer zwei Kärtchen zusammenpassen. Alle Herren und Damen ziehen vor Tanzbeginn aus dem entsprechenden Körbchen eine Karte, suchen ihren Partner und tanzen mit ihm den nächsten Tanz *(mündlich überliefert)*.

Beispiele für klassische Paare:
- Hänsel und Gretel
- Brüderchen und Schwesterchen
- Romeo und Julia
- Faust und Gretchen
- Mickey und Minnie
- Donald und Daisy
- Heino und Hannelore
- Oma und Opa

5.2 Darstellende Spiele

150) Gesprächssituationen nachspielen

Alter der Mitspieler:	ab 14 Jahren	**Spieldauer:**	ca. 40 Minuten
Anzahl der Mitspieler:	10-20 Spieler	**Material:**	ca. 20 ausgeschnittene Fotos aus Zeitschriften, die Menschen in verschiedenen Gesprächssituationen zeigen

Die Gruppe bildet einen Sitzkreis. In der Mitte befinden sich Fotos von Menschen, die miteinander sprechen. Es bilden sich Paare. Jedes Paar einigt sich auf eine nachzuspielende Situation, ohne diese der Gruppe mitzuteilen. Die Gesprächssituation wird in einem anderen Raum ca. fünf Minuten eingeübt.
Nach dieser Zeit spielen die einzelnen Paare der Gruppe die Gesprächssituation vor. Die Gruppe muss nun herausfinden, welches Foto das jeweilige Paar ausgewählt hat *(vgl. Thiesen, 1989, S. 71)*.

151) Personenparty

Alter der Mitspieler:	ab 11 Jahren	**Spieldauer:**	ca. 20 Minuten
Anzahl der Mitspieler:	10-20 Spieler	**Material:**	vorbereitete Kärtchen, auf denen die Namen bekannter Märchenfiguren stehen

Der Spielleiter bereitet Zettel vor, auf denen die Namen bekannter Märchenfiguren wie z. B. „Rotkäppchen", „Hänsel" usw. stehen (siehe Vorlage 5, CD). Jeder Spieler zieht einen Zettel, ohne den anderen mitzuteilen, wen er darstellt. Dann beginnt das Spiel:

Alle Märchenfiguren befinden sich auf einer Party. Sie gehen herum, unterhalten sich und versuchen durch geschickte Gespräche möglichst viel über die einzelnen Gesprächspartner herauszufinden.
Wenn die meisten oder alle meinen zu wissen, wen die anderen darstellen, wird die Party beendet und es wird überprüft, wer wen gespielt hat *(vgl. Bundesjugendwerk der AWO, 1982, S. 163)*.

152) Superstar gesucht

Alter der Mitspieler:	ab 9 Jahren	**Spieldauer:**	ca. 60 Minuten
Anzahl der Mitspieler:	ab 6 Spieler	**Material:**	–

Ähnlich wie bei der bekannten Fernsehsendung „Deutschland sucht den Superstar" geht es in diesem Spiel darum, innerhalb mehrerer Runden, in denen jeweils ein Spieler ausscheidet, sein Können im darstellerischen Bereich unter Beweis zu stellen.
Es werden drei Personen ausgewählt, die eine sehr kritische Jury spielen sollen, die mit witzigen Sprüchen versucht, ihre Meinung über das Dargebrachte zu äußern.
In der ersten Runde dürfen alle Darsteller frei wählen, ob sie etwas singen möchten, einen Tanz präsentieren oder eine bestimmte Szene spielen wollen.
Die einzelnen Darbietungen werden im Anschluss von allen Mitgliedern der Jury kommentiert, die dann, nachdem die jeweilige Runde beendet ist, entscheidet, welcher Darsteller weitermachen darf („Recall"). Es bleibt der Jury überlassen, wie viele Spieler „herausgeschmissen" werden, jedoch muss in jeder Runde mindestens einer ausscheiden.
In den folgenden Runden entscheidet die Jury, was sie gerne sehen möchte und die Darsteller geben ihr Bestes. Wer wird Superstar?

5.3 Spiele mit Sprache

153) Geschichte mit „E" erfinden

Alter der Mitspieler:	ab 12 Jahren	**Spieldauer:**	ca. 45 Minuten
Anzahl der Mitspieler:	ab 3 Spieler	**Material:**	Wörterbuch, Stifte und Papier

Alle Mitspieler werden aufgefordert, eine Geschichte von etwa zehn Zeilen zu schreiben.
Einzige Spielregel: Es dürfen nur Wörter in der Geschichte vorkommen, die mit „E" beginnen. Damit das Spiel nicht zu schwierig wird, können die Spieler aus bereitliegenden Wörterbüchern einige Wörter entnehmen *(vgl. Rooyackers, 1998, S. 87)*.

154) Aus einem Wort neue Wörter bilden

Alter der Mitspieler:	ab ca. 11 Jahren	**Spieldauer:**	ein Spieldurchgang ca. 5 Minuten
Anzahl der Mitspieler:	ab 5 Spieler	**Material:**	Papier und Stifte

Die Spielleiterin nennt einen Begriff, z. B. „Schreibspiel". Alle notieren diesen Begriff und versuchen, innerhalb von fünf Minuten möglichst viele neue Wörter aus den einzelnen Buchstaben dieses Wortes zu bilden. Wer findet die meisten neuen Wörter? (z. B.: Reibe, Spiel, Liebe, Reise, Scheibe, Beil, Spree, Ich...) *(mündlich überliefert)*

155) Das Lexikon-Spiel

Alter der Mitspieler:	Jungendliche und Erwachsene	**Spieldauer:**	ein Spieldurchgang ca. 3 Minuten
Anzahl der Mitspieler:	ab 4 Spieler	**Material:**	Papier und Stifte, ein Lexikon

Ein Spieler schlägt das Lexikon an beliebiger Stelle auf und sucht einen Begriff aus, den vermutlich niemand in der Runde kennt. Alle Spieler schreiben nun zu dem Begriff eine Definition, die möglichst lexikalisch klingt. Die Zettel mit den Definitionen werden eingesammelt und der Spieler, der den Begriff aussuchte, liest nacheinander die einzelnen Ergebnisse vor. Jeder Spieler überlegt, welche Erklärung der richtigen Definition am nächsten kommt. Für das Erraten des richtigen Bereiches (z. B. Medizin, Religion, Politik) wird ein Punkt vergeben, hat jemand die richtige lexikalische Erklärung gefunden, erhält er zwei Punkte.
Gibt es keine richtige Lösung, wird in Abstimmung mit allen Mitspielern die originellste Definition mit einem Punkt honoriert *(vgl. Halbig/Wehnert, 1997, S. 71)*.

5.4 Spiele für Freizeiten

156) Täter gesucht

Alter der Mitspieler:	Jungendliche und Erwachsene	**Spieldauer:**	45 Minuten oder länger
Anzahl der Mitspieler:	mehrere Kleingruppen mit jeweils 5-7 Spielern	**Material:**	ein oder zwei Gegenstände für jede Kleingruppe

Die Spielleitung teilt die Großgruppe in mehrere Kleingruppen mit jeweils fünf bis sieben Mitspielern auf. Jede Kleingruppe erhält ein bis zwei Gegenstände und den Auftrag, sich einen Kurzkrimi auszudenken, bei dem jemand ermordet oder verletzt wird und dieser Gegenstand/diese Gegenstände eine bedeutsame Rolle spielt/spielen. Für das Erfinden der Kriminalgeschichte wird den Kleingruppen eine halbe Stunde Zeit gegeben. Im Plenum wird danach der jeweilige Tatbestand von jeder Kleingruppe kurz umrissen, ohne die Einzelheiten des Geschehens zu verraten. Die Restgruppe versucht herauszufinden, was geschehen ist, indem Fragen gestellt werden, die nur mit Ja oder Nein beantwortet werden dürfen. Hierbei geht es vor allem darum zu ergründen, welche Rolle der Gegenstand bei diesem Kriminalgeschehen spielte *(vgl. Breucker, 1992, S. 35)*.

Beispiel:

Gegenstände: Telefon, Füllfederhalter

Ein Schüler wird ohnmächtig mit einer Platzwunde am Hinterkopf unter seinem Schreibtisch aufgefunden. Etwa 50 cm von dem Verletzten entfernt liegt ein geöffneter Füllfederhalter. Was ist passiert?

Lösung:
Der Schüler erledigte gerade seine Hausaufgaben, als plötzlich das Telefon klingelte. Er sprang von seinem Platz auf, dabei rollte sein Füllfederhalter unter den Schreibtisch. Nach Beendigung des Telefonats wollte er weiterschreiben, vermisste aber seinen Füllfederhalter. Er schaute unter den Schreibtisch, stieß sich dabei an der Tischkante den Kopf und fiel ohnmächtig zu Boden.

157) Das große Suchspiel

Alter der Mitspieler:	Kinder im Schulalter/Jugendliche	**Spieldauer:**	ca. 20 Minuten
Anzahl der Mitspieler:	mehrere Kleingruppen mit ca. 5 Spielern	**Material:**	verschiedene Aufgabenzettel für die einzelnen Kleingruppen

Die einzelnen Kleingruppen erhalten von der Spielleitung jeweils einen Aufgabenzettel, auf dem Gegenstände stehen, die sie in der Umgebung suchen müssen. Für jeden Gegenstand erhält die Gruppe einen Punkt.

Es gelten dabei folgende Regeln:
- Es darf nichts abgerissen werden!
- Es dürfen nur Gegenstände genommen werden, die in der Umgebung gesucht wurden, d. h. für Dinge, die aus Taschen gekramt wurden, werden keine Punkte erteilt!

Beispiele:
- Suche etwas besonders Dickes/Dünnes!
- Suche etwas besonders Langes/Kurzes!
- Suche etwas Altes!
- Suche etwas Essbares!
- Suche etwas Rundes/Eckiges!
- Suche etwas Weiches/Hartes *(vgl. Breucker, 1992, S. 44 f.)*!

158) Fotorallye

Alter der Mitspieler:	ältere Schulkinder/Jugendliche	**Spieldauer:**	insgesamt 2 Stunden oder länger
Anzahl der Mitspieler:	mehrere Kleingruppen mit 3-5 Spielern	**Material:**	ca. 10 Fotos (in Kopie) von Gebäudden und Plätzen der Umgebung

Jede Kleingruppe erhält Fotos von ca. zehn Gebäuden und Plätzen der Umgebung mit entsprechenden Aufgaben zu jedem Bild. Zeitversetzt, etwa im Abstand von zehn Minuten, begeben sich die Kleingruppen in die Stadt, um die Aufgaben möglichst zügig und richtig zu lösen. Wer hat die meisten Aufgaben richtig gelöst?

Beispiele für Aufgaben:

- Wie viele Fenster hat die abgebildete Kirche?
- Wann wurde das Rathaus erbaut?
- Wie heißt die aktuelle Ausstellung dieses Museums?
- Welche Angebote hat in dieser Woche der abgebildete Supermarkt?
- Wie heißt dieser Platz?
- Wie viele Bänke stehen in diesem Park?
- Welche Spielgeräte findet man auf diesem Spielplatz?
- Welchen Namen hat die Tageszeitung in dieser Stadt?
- Welche Veranstaltungen finden diese Woche in der Bücherei statt?
- Sucht das abgebildete Restaurant und schaut auf der Speisekarte nach, wie teuer Gericht Nr. 5 ist *(vgl. Thiesen, 1989, S. 212 ff.)*!

159) Hans im Glück

Alter der Mitspieler:	ältere Schulkinder/Jugendliche	**Spieldauer:**	insgesamt 2 Stunden oder länger
Anzahl der Mitspieler:	ab 6 Spieler	**Material:**	verschiedene wertfreie Materialien, Klebstoff, Scheren, Stifte, Laufzettel

Die Mitspieler können alleine oder in kleinen Gruppen von zwei bis drei Teilnehmern zusammenarbeiten. Jeder Spieler oder jede Gruppe wählt aus der Fülle der Materialien einige aus, die sich zur Gestaltung eines kleinen Kunstwerks oder einer Plastik anbieten.

Ist dieses Werk vollendet, gehen die Spieler in die nahegelegene Stadt, sprechen Leute auf der Straße an oder gehen in Geschäfte, um ihr Kunstwerk gewinnbringend gegen etwas anderes einzutauschen.

Es darf so lange getauscht werden, bis jeder mit dem Ergebnis seines Tauschgeschäftes zufrieden ist.

Damit sich kein Passant oder Geschäftsinhaber belästigt fühlt, erhalten die Spieler einen Laufzettel (siehe Vorlage 6, CD) mit Informationen zum Spiel.

Mit diesem ausgefüllten Laufzettel und dem Tauschergebnis treffen sich alle wieder im Plenum. Erlebnisse werden ausgetauscht und die eingetauschten Gegenstände vorgestellt.

Anmerkung:

Die Spielleiter sollten ein bisschen durch die Stadt gehen und das Geschehen verfolgen *(vgl. Häußler, 1996, S. 108 f.)*.

5.6 Kreativangebote

160) Sockenpüppchen

Material: Baumwollsocke, Pappreste, Klebstoff, Filzreste, zwei Perlen oder Knöpfe, Nadel und Faden

Man greift mit einer Hand in die Socke hinein und zieht die Sockenspitze so weit nach innen, bis ein ausreichend großes Maul entsteht. Diese Spitze wird mit einigen Stichen so fixiert, dass sie nicht mehr verrutschen kann. In der Größe des Mauls wird ein Stück Pappe ausgeschnitten, in der Mitte gefaltet und in den Sockenmund geklebt. Auf die Pappe kann, wenn vorhanden, roter Filz geklebt werden, um das Maul noch echter aussehen zu lassen.
Nun werden zwei Augen (Perlen oder Knöpfe) aufgenäht. Als weitere Gestaltung können z. B. Haare oder eine Mähne aus Wolle angenäht werden, je nachdem wen oder was das Sockenpüppchen darstellen soll.
In Kleingruppen können dann Szenen mit den Püppchen eingeübt und z. B. auf einem bunten Abend vorgeführt werden *(vgl. Breucker, 1992, S. 83 f.).*

161) Freundschaftsbänder

Material: sechsfädiges Stickgarn in drei Farben, Sicherheitsnadel, Schere

Es werden jeweils zwei ca. 70 cm lange Fäden benötigt. Alle Fäden werden zunächst so zusammengeknotet, dass immer zwei Fäden der gleichen Farbe nebeneinander liegen. Dieser Knoten lässt sich mit einer Sicherheitsnadel gut auf Stoff stecken (z. B. auch auf dem Hosenbein), damit die Arbeit während des Knüpfens nicht verrutscht.
Dann wird ein ca. zehn Zentimeter langer Zopf geflochten, bevor die Knüpfarbeit beginnt.
Es wird entsprechend der hier gezeichneten Arbeitsschritte jede Reihe von links nach rechts geknüpft, wobei der Arbeitsfaden für eine ganze Reihe immer derselbe bleibt:

Arbeitsschritt 1:
Mit Faden 1 werden zwei rechte Knoten aus Faden 2 geknüpft.

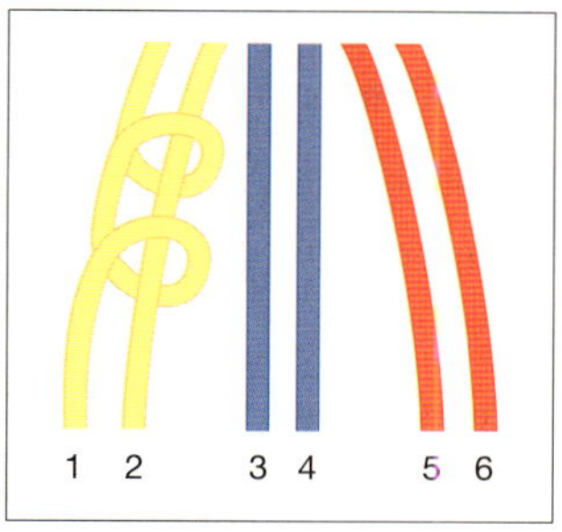

Arbeitschritt 2:
Mit Faden 1 werden zwei rechte Knoten auf Faden 3 geknüpft:

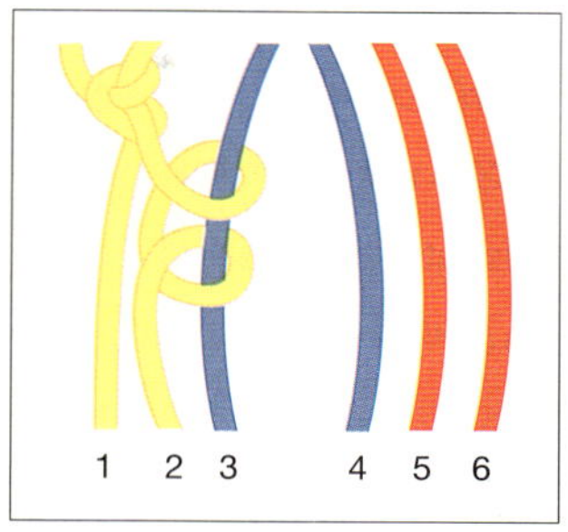

Arbeitsschritt 3:
Faden 4 ist nun der Spannfaden.

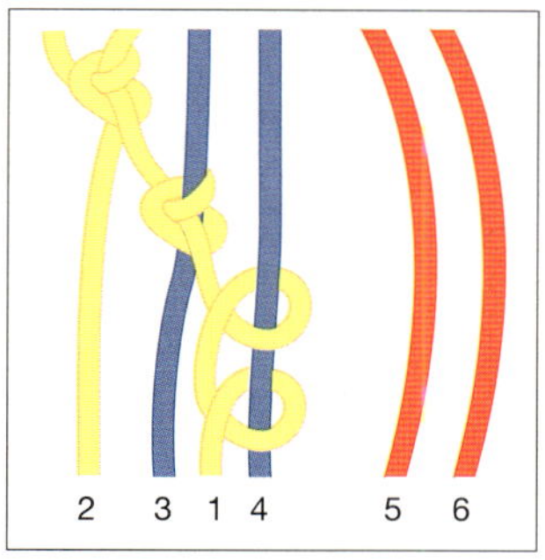

Arbeitschritt 4:
Faden 5 ist Spannfaden.

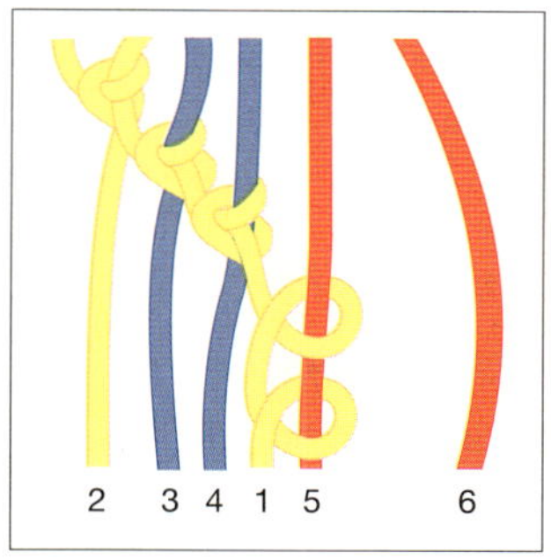

Arbeitsschritt 5:
Am Ende der Reihe werden noch zwei rechte Knoten auf Faden 6 mit Faden 1 geknüpft.

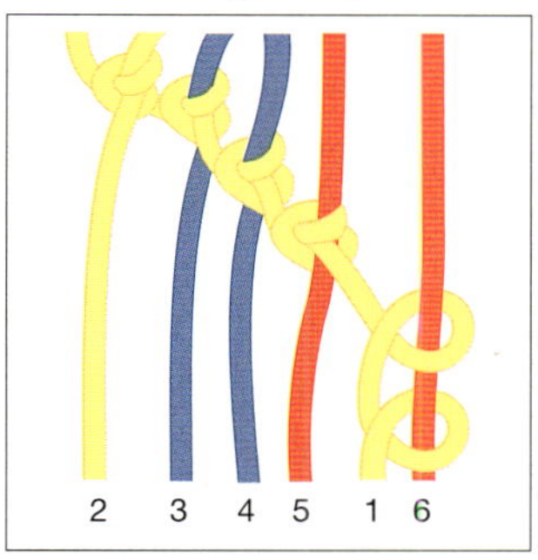

Arbeitschritt 6:
In der nächsten Reihe ist nun Faden 2 der Arbeitsfaden. Es werden zunächst zwei rechte Knoten auf Faden 3 geknüpft.

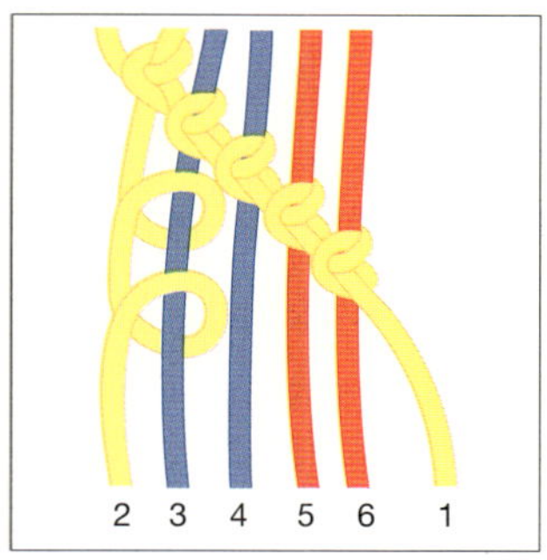

Arbeitsschritt 7:
Weiterhin werden nun mit Faden 2 je zwei rechte Knoten auf Faden 4, 5, 6 und 1 geknüpft.

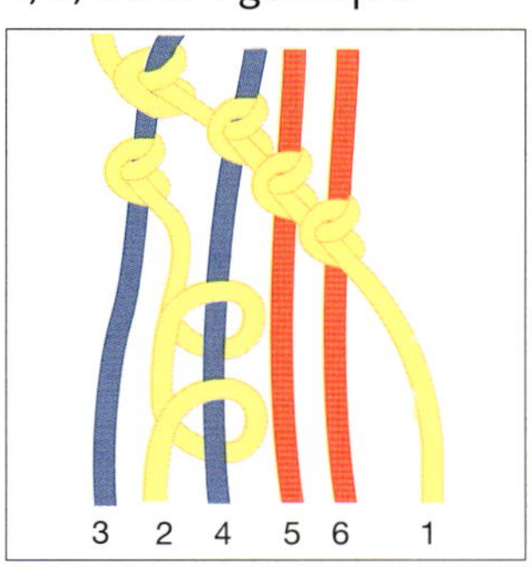

Arbeitschritt 8:
Es wird so lange auf diese Weise weiter geknüpft, bis die Fäden wieder in Ausgangsposition liegen. Dann beginnt die Arbeit wieder bei Schritt 1.

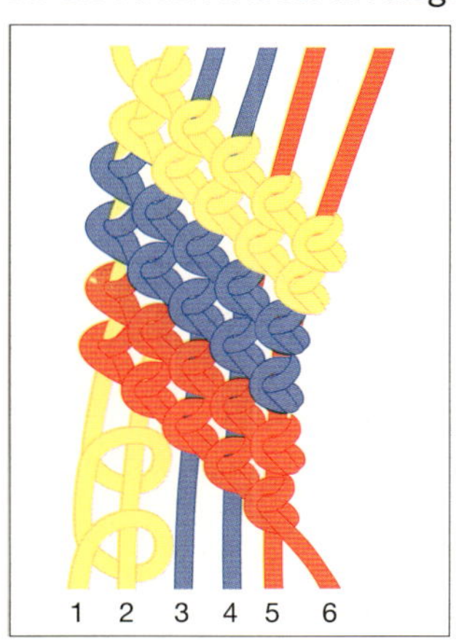

(vgl. Claudius, 1999, S. 10 ff.)

162) Perlenketten

Material: pro Kette einen oder mehrere dünne transparente Nylonfäden (∅ 25 mm), Quetschperlen, ein Verschluss (z. B. Drehverschluss), Glas- oder Plastikperlen in verschiedenen Farben, Formen und Mustern, eine schmale Flachzange

Man schneidet zunächst einen oder mehrere Nylonfäden ab (etwas länger als die gewünschte Länge der Kette). Dann wird eine Quetschperle auf den Faden/ die Fäden und auf die Öse eines Verschlussteils geschoben. Die Enden werden dann zurück durch die Quetschperle gezogen, so dass dicht hinter der Verschlussöse eine Schlinge entsteht. Mit der Flachzange wird die Quetschperle kräftig zusammengedrückt. Die überstehenden Fäden werden entweder sofort abgeschnitten oder nachdem die ersten Perlen durchgezogen wurden.
Je nach Wunsch werden dann Perlen aufgefädelt. Bei der Verwendung zweier Fäden kann man beispielsweise folgendermaßen vorgehen (siehe Abbildung B) :

- Zunächst drei Perlen auf beide Fäden schieben,
- dann eine große eckige Perle auf einen einzelnen Draht,
- wieder drei Perlen auf beide Drähte ziehen,
- auf den anderen einzelnen Draht eine mittelgroße runde Perle ziehen und dann das Auffädeln von vorn beginnen.

Am Ende des Schmuckdrahtes wird wieder eine Quetschperle und das andere Verschlussteil, wie zu Beginn beschrieben, befestigt.

Kette mit einem Nylonfaden

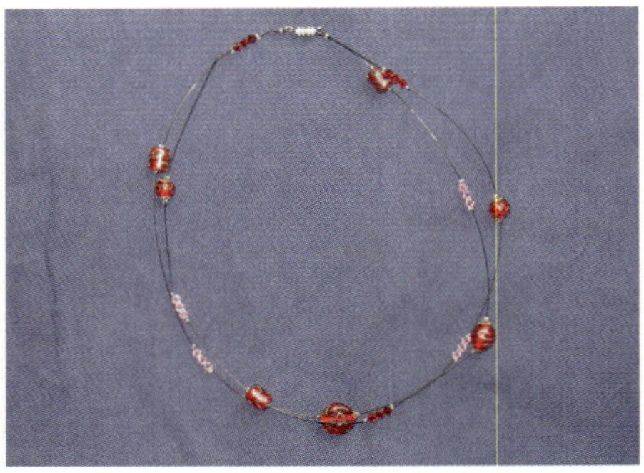

Kette mit zwei Nylonfäden

6 Spiel- und Beschäftigungsvorschläge für kranke Kinder

6.1 Bastelspiele

163) *Das Traumkissen*
164) *Fantasiebilder aus Schaschlikspießen*
165) *Ausnähbilder*
166) *Lichtshow*

6.2 Fingerspiele und Schattenspiele mit der Hand

167) *Fünf kranke Fingerchen (Fingerspiel)*
168) *Schattenspiele mit der Hand*

6.3 Ratespiele

169) *Beruferaten im Krankenhaus*
170) *Lügengedicht*
171) *Suchrätsel*

6.4 Mal-, Sprech- und Schreibspiele

172) *Galgenmännchen*
173) *Wörtertürme*
174) *Stadt-Land-Fluss für das Krankenhaus*
175) *Geschichtenerzählen mit Karten*
176) *Silben-Wettspiel*

6.5 Spaß rund ums Krankenbett

177) *Überraschungstüten-Mobile*
178) *Der Kalender zum Gesundwerden*
179) *Basketball mit Socken*

6.6 Lieder und Verse zum Gesundwerden

180) *Vers für kranke Kinder*
181) *Trostlied*

6.1 Bastelspiele

163) Das Traumkissen

Material: Gelber Baumwollstoff ca. 40 cm, Stoffmalfarben: Blau oder Schwarz, Gold oder Silber, Füllwatte

Auf den doppelt gelegten Stoff wird ein Kreis mit einem Durchmesser von ca. 20 cm aufgemalt und ausgeschnitten.

Auf beide Stoffseiten werden Traummotive, wie z. B. Sterne, Mond u. Ä. mit Stoffmalfarbe aufgemalt. Die Farbe muss nach dem Trocknen von links gebügelt werden. Dann werden die Kreise rechts auf rechts gelegt und das Kissen genäht. Hierbei muss zunächst eine Öffnung zum Füllen des Kissens freigelassen werden. Das Kissen wird dann ausgestopft und die Öffnung geschlossen *(vgl.Cratzius, 1990,S. 41)*.

164) Phantasiebilder aus Schaschlikspießen

Material: eine Packung Schaschlikspieße

Man nimmt eine Packung mit Schaschlikspießen und kürzt diese auf unterschiedliche Längen. Auf einer festen Unterlage (z. B. ein Tablett, ein Holzbrett o. Ä.) entstehen durch Anlegen der Spieße Bilder. Dabei kann das Kind mit dem Erwachsenen gemeinsam gestalten.

Verwendet man einen festen Karton, kann das Bild auch aufgeklebt werden *(vgl. Jöcker, 1995, S. 46)*.

165) Ausnähbilder

Material: stabiles Tonpapier oder Fotokarton (ca. DIN A 5 Format), Stift, Prickelnadel oder dicke Stopfnadel, bunte Garnreste, Sticknadel mit abgerundeter Spitze

Es werden einfache Figuren, wie z. B. ein Apfel, ein Hase, eine Blume, ein Vogel oder ein Clown (siehe auch Vorlagen 10 und 11, CD) auf stabiles Tonpapier oder auf Tonkarton gezeichnet. Die Löcher zum Durchziehen der Garnreste bohrt man mit einer Prickelnadel o. Ä. vor.

Mit bunten Garnresten und einer Sticknadel mit abgerundeter Spitze kann das Kind das Bild fertig sticken. Zum Schluss werden die Fäden vernäht oder verknotet *(vgl. Hoffmann, 1999)*.

166) Lichtshow

Material: Taschenlampe, Papier, Stift, Schere, Tesafilm

In der Größe des Taschenlampenkopfes wird ein Kreis aufgemalt und ausgeschnitten. Der Kreis wird dann zweimal gefaltet, sodass ein Viertelkreis entsteht. Nach Belieben schneidet man hier Muster hinein, faltet dann den Kreis wieder auf und klebt ihn mit Tesafilm auf das Taschenlampenglas.

Das Licht geht aus – und die Show kann beginnen, denn an der Wand sind nun interessante Muster zu sehen.

Selbstverständlich können auch mehrere Musterscheiben angefertigt werden, vielleicht auch Kreise aus farbigem Transparentpapier gestaltet werden, um schöne Farbeffekte zu erhalten *(vgl. Hoffmann, 1999)*.

6.2 Fingerspiele und Schattenspiele mit der Hand

167) Fünf kranke Fingerchen (Fingerspiel)

„Die fünf Finger an meiner Hand sind alle krank:	Der Erzähler legt die fünf Finger des Kindes in seine Hand,
der hat Fieber,	man wackelt mit dem Daumen,
der hat Husten,	man wackelt mit dem Zeigefinger und hustet,
der hat Kopfweh,	man wackelt mit dem Mittelfinger,
der hat keinen Hunger	man wackelt mit dem Ringfinger,
und dem kleinen Burschen hier rumpelt der Bauch."	man fasst den kleinen Finger an und schüttelt ihn.

(Bartl, 1992, S. 38)

168) Schattenspiele mit der Hand

In einem abgedunkelten Raum kann bei Lampenschein ein Schattenspieltheater an der Wand stattfinden. Hauptakteure sind dabei die Hände.
Es lassen sich viele Figuren durch Ausprobieren oder durch Vorlagen, die wir in verschiedenen Büchern finden, darstellen.

6.3 Ratespiele

169) Beruferaten im Krankenhaus

In den folgenden Namen sind Berufe von Leuten versteckt, die im Krankenhaus arbeiten. Durch das Umstellen der Buchstaben kann man die einzelnen Berufe herausfinden:

Ch. Nöki	**Tina Heisse-Nast**
Tarzan Uge	**Zar Dretkin**
Hülse Filp	**Chr. Urig**
Paul R. M. Feger	**Karen Schwenkrest**
Peter Hypositahu	
Ilona Drogi	

Lösungen: 1 = Köchin, 2 = Augenarzt, 3 = Spülhilfe, 4 = Raumpfleger, 5 = Physiotherapeut, 6 = Radiologin, 7 = Anaesthesistin, 8 = Kinderarzt, 9 = Chirurg, 10 = Krankenschwester

Anmerkung: Dieses Spiel kann nur mit älteren Kindern, die sicher lesen und schreiben können, durchgeführt werden *(Wehner/Poll, 1998, S. 37)*.

170) Lügengedicht

In dem folgenden Lügengedicht sind zahlreiche Fehler versteckt. Welche Fehler findest du?

Dunkel war's

**Dunkel war's, der Mond schien helle,
Schnee bedeckt die grüne Flur,
als ein Wagen blitzeschnelle,
langsam um die Ecke fuhr.**

**Drinnen saßen stehend Leute,
schweigend in's Gespräch vertieft,
als ein totgeschossner Hase
auf der Wiese Schlittschuh lief.**

**Und auf einer roten Bank,
die grün angestrichen war,
saß ein blondgelockter Jüngling
mit kohlrabenschwarzem Haar.**

**Neben ihm 'ne alte Schachtel,
zählte kaum erst 16 Jahr',
und sie aß 'ne Butterstulle,
Die mit Schmalz bestrichen war.**

**Oben auf dem Apfelbaume,
der sehr grüne Birnen trug,
hing des Frühlings letzte Pflaume
und voll Nüssen noch genug.**

Zu diesem Gedicht kann im Anschluss an das Ratespiel ein lustiges Fantasiebild gestaltet werden *(vgl. Thiesen, 1994, S. 106)*.

171) Suchrätsel

Gesucht werden im folgenden Buchstabenfeld die zehn Wörter rund um das Thema „Krankheit“, die waagerecht, senkrecht, diagonal von oben nach unten und umgekehrt versteckt wurden! (Lösung, siehe Vorlage 7, CD) *(vgl. Cratzius, 1990, S. 26)*

A	N	L	G	U	N	T	K	M	G	I	M	O	T
E	R	D	E	N	L	N	I	E	S	E	N	P	O
Z	U	N	G	O	N	L	I	D	P	A	R	A	S
F	I	P	N	A	N	G	O	I	F	A	L	O	S
E	V	F	A	O	E	K	T	Z	E	F	I	E	T
L	O	L	K	I	E	J	O	I	Z	I	E	T	N
A	K	A	M	I	L	L	E	N	T	E	E	E	I
A	U	S	B	I	N	O	M	I	K	B	A	E	R
T	I	T	U	N	G	K	R	A	F	E	T	E	N
G	E	E	L	L	E	I	N	T	A	R	Z	T	M
V	E	R	B	A	N	D	H	N	L	I	N	A	S
U	M	M	E	L	E	T	A	G	L	I	T	B	E
L	I	N	M	A	S	E	R	N	K	L	O	L	E
K	U	L	I	N	U	M	I	M	K	O	R	E	S
H	U	S	T	E	N	I	N	N	T	O	M	T	U
G	A	N	G	I	G	V	O	L	L	A	T	T	L
K	A	R	O	T	K	L	P	J	H	N	G	E	L
F	G	M	I	Z	K	L	F	T	L	O	A	N	K

6.4 Mal-, Sprech- und Schreibspiele

172) Galgenmännchen

Alter der Mitspieler:	ab 9 Jahren	**Spieldauer:**	ca. 10 Minuten
Anzahl der Mitspieler:	2 Spieler	**Material:**	Zettel und Stift

Einer der beiden Spieler denkt sich ein Wort aus und macht Striche auf das Papier entsprechend der Anzahl der Buchstaben.

Der Mitspieler nennt Buchstaben. Ist der genannte Buchstabe in dem gesuchten Wort enthalten, wird er an die entsprechende Stelle eingetragen. Wird ein falscher Buchstabe genannt, wird dem Galgen immer ein neuer Strich hinzugefügt. Nach zehn Fehlversuchen hängt das Männchen am Galgen und der Ratende hat verloren. Schafft er es vorher, das Wort herauszufinden, ist er Sieger und denkt sich das nächste Wort aus *(vgl. Wehner/ Poll, 1998, S. 30)*.

173) Wörtertürme

Alter der Mitspieler:	ab 9 Jahren	**Spieldauer:**	ca. 5 Minuten
Anzahl der Mitspieler:	ab 2 Spielern	**Material:**	Zettel und Stift

Es wird versucht, Wörtertürme zu bauen, indem immer ein Buchstabe des vorhergehenden Wortes verändert wird, z. B.:

Maus	Hase	Kind
Haus	Nase	Rind
Haut	Nass	Rund
Kraut	Fass	Mund
...	...	...

(vgl. Wehner/ Poll, 1998, S. 31)

174) *Stadt – Land – Fluss für das Krankenhaus*

Alter der Mitspieler: ab 9 Jahren
Spieldauer: jede Spielrunde ca. 3 Minuten
Anzahl der Mitspieler: mindestens 2 Spieler
Material: Zettel und Stift

Es werden mindestens zwei Mitspieler benötigt. Ein Mitspieler sagt lautlos das Alphabet auf, ein anderer Mitspieler ruft „Stopp!". Mit dem genannten Buchstaben als Anfangsbuchstaben füllen alle Mitspieler möglichst schnell die Spalten ihrer Tabelle. Wer zuerst fertigt ist, ruft wieder laut „Stopp!", und alle hören auf zu schreiben.

Körperteil	Krankheit	Speise	Spielzeug	Kleidungsstück	Punkte

Für jeden gefundenen Begriff erhalten die Mitspieler zehn Punkte, haben mehrere Spieler den gleichen Begriff gefunden, erhält jeder fünf Punkte. Wenn ein Spieler einen Begriff als Einziger gefunden hat, darf er sich hierfür 20 Punkte aufschreiben *(vgl. Wehner/Poll, 1998, S. 33)*.

175) *Geschichtenerzählen mit Karten*

Alter der Mitspieler: ab 5 Jahren
Spieldauer: ca. 10 Minuten
Anzahl der Mitspieler: 2 Spieler
Material: einige Karten aus einem Memoryspiel

Verschiedene Karten mit Tieren, Pflanzen, alltäglichen Gegenständen u. Ä. werden auf der Bettdecke verteilt. Der Erwachsene beginnt, eine Geschichte zu erzählen, in der nach und nach die abgebildeten Dinge vorkommen. Das Kind passt gut auf und legt die entsprechende Karte zur Seite, wenn es den benannten Begriff auf einer der Karten entdeckt. Die Geschichte ist beendet, wenn keine Karten mehr auf der Decke liegen *(vgl. Jöckel, 1995, S. 38)*.

Variation für ältere Kinder:
Der Erwachsene und das Kind erzählen abwechselnd die Geschichte.

176) *Silben-Wettspiel*

Alter der Mitspieler: ab 9 Jahren
Spieldauer: jede Spielrunde ca. 3 Minuten
Anzahl der Mitspieler: 2-7 Spieler
Material: 1 Blatt Papier für jeden Mitspieler, Stifte

Die Mitspieler erhalten jeweils einen Bogen Papier und bereiten das Spielblatt folgendermaßen vor:

1 Silbe	**2 Silben**	**3 Silben**	**4 Silben**	**Mehr als vier Silben**	**Punkte**
Ton	Tiger	Tonträger	Titelseite	Tanzveranstaltung	
.	.	.	.	.	
.	.	.	.	.	

Ein Mitspieler sagt lautlos das Alphabet auf, ein anderer Mitspieler ruft „Stopp!". Mit dem genannten Buchstaben als Anfangsbuchstaben füllen alle Mitspieler möglichst schnell die Spalten ihrer Tabelle, indem sie Wörter mit ein, zwei, drei, vier oder mehr Silben eintragen. Wer zuerst fertigt ist, ruft wieder laut „Stopp!", und alle hören auf zu schreiben *(vgl. Bartl, 1992, S. 31)*.

6.5 Spaß rund um's Krankenbett

177) Überraschungstüten-Mobile

Material: trockener Zweig, kleine Papiertüten mit vorbereiteten Zetteln

Wenn ein Kind das Bett längere Zeit nicht verlassen darf, kann der Erwachsene über sein Bett ein Mobile mit kleinen sogenannten Überraschungstüten befestigen. In jeder Tüte befindet sich ein kleiner Zettel mit einer Überraschung für den Tag, z. B.:

- Heute zeige ich dir ein Bilderbuch deiner Wahl.
- Wähle ein Spiel aus, das wir gemeinsam spielen.
- Heute darfst du dir ein Märchen aussuchen, das ich dir vorlese.
- Heute koche ich dein Lieblingsessen *(vgl. Jöcker, 1995, S. 37)*.

178) Der Kalender zum Gesundwerden

Material: 1 bunter Tonpapierbogen (ca. DIN A 4), 1 weißer Bogen in gleicher Größe, Bleistift, Papiermesser, Klebstoff

Der Erwachsene gestaltet aus dem bunten Bogen einen Kalender mit Türchen (ähnlich einem handelsüblichen Adventskalender). Es werden Türchen in der Anzahl der Tage, die das Kind vermutlich das Bett nicht verlassen darf, aufgemalt und mit dem Papiermesser eingeritzt. Auf die Rückseite klebt man den weißen Bogen.

Jeden Tag kann das Kind nun gemeinsam mit dem Erwachsenen ein Türchen öffnen und das wichtigste Ereignis des Tages festhalten, indem ein entsprechendes Bild in das Fenster gemalt wird *(vgl. Bartl, 1992, S. 25)*.

179) Basketball mit Socken

Material: ca. 10 Paar zusammengerollte Socken, Papierkorb

Der leere Papierkorb wird etwas entfernt vom Bett platziert. Das kranke Kind versucht im Sitzen oder Liegen möglichst viele der aufgerollten Sockenpaare in den Papierkorb zu werfen *(vgl. Hoffmann, 1999, S. 9)*.

6.6 Lieder und Verse zum Gesundwerden

180) *Vers für kranke Kinder*

„Muh, muh, muh, auf der Wiese schreit die Kuh.
Ihr Euter, der ist heut' so voll,
Das findet die Kuh gar nicht toll.
Muh, muh, muh, auf der Wiese schreit die Kuh.

Krah, krah, krah, wer kann das sein?
Der Rabe läuft auf einem Bein.
Beim letzten Sturzflug ging was schief,
Weil an dem Tag der Wind so blies.

Kikeriki, so ruft der Hahn,
Ihm hat doch keiner was getan.
Doch auf dem Misthaufen, ach du Schreck,
da sind viele Dornen, das ist nicht nett.

Quak, quak, quak, ertönt es aus dem Teich.
Auf dem Blatt, da sitzt ein Frosch, der ist ganz bleich.
Er hat sich wohl den Magen verdorben,
und wartet mit dem Fressen besser bis morgen.

Und auch du bist ganz schlapp und dein Köpfchen ist ganz heiß,
drum' bin ich auch jetzt lieber ganz leis'.
Dann kuschelst du dich in mein Ärmchen ein,
bald wirst du wieder ganz munter sein."

(Breucker, 1995, S. 50)

181) *Trostlied*

Hei wie geht's denn unsern Tieren und dem lieben Kind?
Komm, wir trösten, spielen, schmusen, wenn der Tag beginnt.
La - la - la - la - la - la - la,
la - la - la - la - la - la - la,
la - la - la - la - la - la - la.

Quelle: Text: Barbara Cratzius, Melodie: Klaus W. Hoffmann, Rechte: PLAYA Musikverlag, Münster

Platz für Notizen

7 Spiel- und Beschäftigungsangebote für Kinder und Erwachsene mit Behinderungen

7.1 Übungen des täglichen Lebens

182) *Öffnen und Schließen einer Schublade*
183) *Tragen eines Stuhls*
184) *Reisschütten*
185) *Wassergießen*
186) *Händewaschen*
187) *Tischdecken*
188) *Abwischen eines Tisches*
189) *Geschirrspülen*
190) *Auf- und Zuknöpfen großer Knöpfe*
191) *Schleife binden*

7.2 Tisch- und Brettspiele

192) *Comic- Memory*
193) *Domino*
194) *Koffer packen*
195) *Bilderlotto*
196) *Malen nach Zahlen*
197) *Jahreszeiten-Würfelspiel*
198) *Café international*
199) *Carcassone*

7.3 Spiele für alle Sinne

200) *Farbtäfelchenmemory*
201) *Garnrollenspiel*
202) *Was fehlt?*
203) *Was liegt unter dem Tuch?*
204) *Was hat sie angezogen?*
205) *Was gehört zusammen?*
206) *Wer ist der Anführer?*
207) *Geräuschdosenmemory*
208) *Was macht ihr da?*
209) *Wer klopft denn da?*
210) *Tastmemory*
211) *Tastsäckchen*
212) *Was ist in meinem Koffer?*
213) *Welche Frucht ist das?*
214) *Riechflaschenmemory*

7.4 Feste und Feiern

215) *Masken (Karneval)*
216) *Raumdekoration (Karneval)*
217) *Tanzspiel „Reise nach Jerusalem" (Karneval)*
218) *Apfelsinentanz (Karneval)*
219) *Tanzspiel „Füchse und Gänse" (Karneval)*
220) *Sketch „Der stärkste Mann der Welt" (Karneval)*
221) *Juxspiel „Pudding essen" (Karneval)*

222) *Osternester (Ostern)*
223) *Osterwiese (Ostern)*
224) *Osterstrauß (Ostern)*
225) *Eierfärben mit Papierblättern (Ostern)*
226) *Eierfärben mit Naturfarben, Blättern und Gräsern*

227) *Korbwerfen (Sommerfest)*
228) *Dosenpyramide (Sommerfest)*
229) *Torwandwerfen (Sommerfest)*
230) *Wettangeln (Sommerfest)*
231) *Das große Wurfspiel (Sommerfest)*
232) *Glücksbänderziehen (Sommerfest)*

233) *Adventskalender aus Streichholzschachteln (Advent)*
234) *Adventskalender aus Stoffsäckchen (Advent)*
235) *Sternenlichterkette (Advent)*

236) *Einladungskarte „bunte Kerzen" (Geburtstag)*
237) *Einladungskarte „Sternzeichen" (Geburtstag)*
238) *Topfschlagen (Geburtstag)*
239) *Flaschendrehen (Geburtstag)*
240) *Zeitungstanz (Geburtstag)*
241) *Lied „Hoch sollst du leben" (Geburtstag)*
242) *Lied „Viel Glück und viel Segen" (Geburtstag)*

7.5 Märchen und Märchenspiele für Kinder mit geistiger Behinderung

7.6 Darstellendes Spiel für Menschen mit Behinderungen

7.1 Übungen des täglichen Lebens

Die Übungen des täglichen Lebens lassen sich nach Montessori[1] in drei Bereiche einteilen:

- **Übungen zur Pflege der eigenen Person:**
  - Übungen zur Körperpflege (z. B. Händewaschen, Zahnpflege),
  - Übungen zum An- und Ausziehen (z. B. Pullover, Jacke, Strümpfe.),
  - Übungen zum Zuknöpfen und Schnüren (z. B. Jacke zuknöpfen, Schleife binden),
  - Übungen zur Pflege von Kleidern und Schuhen (z. B. Schuhe putzen, Kleidung sachgemäß aufhängen usw.),
  - Übungen zum Benehmen bei Tisch (z. B. Getränke eingießen, Tisch decken, richtiges Geschirr benutzen, Geschirr abspülen),
  - Übungen zur Benutzung der Toilette.

- **Übungen zur Pflege der Umgebung:**
  - Übungen zum Reinigen des Gruppenraumes (z. B. aufräumen, Tische abwischen, Staub wischen),
  - Übungen zur Tierpflege (z. B. Tiere füttern, Käfige säubern),
  - Übungen zur Blumenpflege (z. B. Blumen gießen, Blumen ordnen),
  - Übungen zur Handhabung von Haushaltsgeräten (z. B. Umgang mit einem Messer, Mixer),
  - Übungen zur Pflege der Umgebung der Einrichtung draußen (Blätter aufheben, fegen usw.).

- **Übungen zur Pflege sozialer Beziehungen:**
  - Übungen zum Grüßen, Danken, Bitten, Entschuldigen, Helfen usw.

Durch die lebenspraktischen Übungen lernt das Kind mit Behinderungen wie auch das Kind ohne Behinderungen, mit den Dingen, die ihm täglich begegnen, leichter umzugehen und sie zunehmend richtig zu handhaben. Sie helfen ihm, selbstständiger kleine Alltagshandlungen ohne fremde Hilfe zu bewältigen (zum Teil können Übungen sicherlich auch je nach der Schwere der Behinderung Erwachsenen angeboten werden).

> **Bei der Auswahl konkreter Übungen für Menschen mit Behinderungen müssen die begrenzten Fähigkeiten jedes Einzelnen berücksichtigt werden, um niemanden mit einer Übung zu überfordern.**

Bei den folgenden Übungsbeispielen ist weiterhin darauf zu achten, dass jede einzelne Bewegung, die zu der Übung gehört, ganz langsam und gut durchschaubar dem Kind gezeigt wird. Dazu muss die pädagogische Begleitperson selbst alle aufeinanderfolgenden Schritte erkennen und diese exakt und getrennt ausführen.
Die bewusste Trennung der aufeinanderfolgenden Bewegungsabläufe wird in der Montessori-Pädagogik **Bewegungsanalyse** genannt.

[1] *Maria Montessori (* 1870, † 1952) war italienische Ärztin und Pädagogin. Sie beschäftigte sich vor allem mit Möglichkeiten, die geistige Entwicklung von Kindern durch bestimmte Materialien und Übungen zu fördern. Der Einsatz ihrer Methode eignet sich insbesondere für die Förderung geistig zurückgebliebener Kinder.*

182) „Öffnen und Schließen einer Schublade"

Material: Eine Kommode oder ein kleiner Schrank mit möglichst leeren Schubladen

Darbietung und Übung
- Die Schublade ist geschlossen,
- Die Leiterin umfasst mit Zeigefinger, Mittelfinger jeweils einen Knopf der Schublade oder mit allen Fingern den Griff der Schublade.
- Sie öffnet und schließt langsam, vorsichtig und geräuschlos eine Schublade.
- Dann werden alle weiteren Schubladen geöffnet und geschlossen.

Die Leiterin fordert das Kind auf, die Übung in gleicher Weise durchzuführen.

Weitere Übungsvorschläge
- Schranktüren werden leise auf- und zugemacht.
- Gruppenraumtüren werden vorsichtig geöffnet und geschlossen.

Anwendung der Übung im täglichen Leben

- Spielzeug wird aus einer Schublade geholt und später wieder dorthin zurückgebracht,
- Besteck wird aus einer Besteckschublade geholt oder zurückgelegt.
- Geschirr wird zum Tischdecken aus einem Schrank geholt oder nach dem Spülen zurückgestellt.

(vgl. Hainstock, 1971, S. 30/31).

183) „Tragen eines Stuhls"

Material: Ein Kinderstuhl

Darbietung und Übung
- Die Leiterin steht vor dem Stuhl,
- sie beugt sich nach vorne und greift mit einer Hand die vordere Kante des Sitzes und mit der anderen Hand die Lehne des Stuhls,
- sie richtet sich wieder auf und trägt den Stuhl zu seinem Platz, wobei sie bewusst darauf achtet, keine Personen oder Gegenstände anzustoßen (ebenfalls sollte der Stuhlsitz immer waagerecht gehalten werden).

Die Leiterin fordert das Kind auf, die Übung in gleicher Weise durchzuführen.

Anwendung der Übung im täglichen Leben
- Die Kinder tragen Stühle zum Frühstückstisch.
- Einige Kinder der Gruppe bilden gemeinsam mit der Leiterin einen Stuhlkreis *(vgl. Hainstock, 1971, S. 35)*.

184) „Reisschütten"

Material: Ein Tablett mit einem leeren Glas und einem Messbecher, der halb mit Reis gefüllt ist

Darbietung und Übung
- Das Tablett mit dem leeren Glas und dem mit Reis gefüllten Messbecher steht auf dem Tisch.
- Die Leiterin greift den Messbecher mit Zeigefinger, Mittelfinger und Daumen einer Hand (bei Rechtshändern mit der rechten, bei Linkshändern mit der linken Hand).
- Das Glas wird mit der anderen Hand umfasst.
- Die Leiterin hält den Messbecher so, dass sich der Ausgießer direkt über dem Glas befindet.
- Sie schüttet zügig den Reis aus dem Messbecher in das Glas.
- Danach wird der Inhalt des Glases zurück in den Messbecher gegeben.

Die Leiterin fordert das Kind auf, die Übung nachzumachen.

Weitere Übungsvorschläge
- Messbecher und Glas können weiter auseinander gestellt werden. So wird die Übung etwas erschwert.
- Es können Gefäße mit anderen, vor allem kleineren Öffnungen angeboten werden, wie z. B. Schraubgläser, Gefäße aus der Puppenwohnung.

Anwendung der Übung im täglichen Leben
- Das Kind füllt in gegebenen Situationen z. B. Zucker, Linsen, Reis usw. in die dafür vorgesehenen Behälter und Dosen *(vgl. von Oy, 1993, S.45 ff.)*.

185) „Wassergießen"

Material: Eine durchsichtige Kanne mit Wasser (eventuell. gefärbt mit Lebensmittelfarbe), ein Glas mit großer Öffnung und Markierung für den gewünschten Wasserstand, ein Tuch

Darbietung und Übung
- Die Glaskanne mit Wasser und das Glas stehen nebeneinander,
- die Kanne wird am Henkel und an der Unterseite angefasst (man kann auf „Interessensschwerpunkt Ausgießer" aufmerksam machen),
- die Leiterin schaut bewusst in die Kanne hinein, um das Kind auf den Inhalt aufmerksam zu machen,
- sie hält den Ausgießer schräg über das Glas, führt ihn mit langsamen, sparsamen Bewegungen zum Glas und lässt das Wasser zügig einfließen, bis das Glas bis zur Markierung gefüllt ist,
- mit kurzem Innehalten der Bewegung stellt sie die Kanne zurück und wischt mit dem Tuch den hängen gebliebenen Tropfen an dem Ausgießer ab,
- sie hebt das volle Glas hoch und schüttet das Wasser zurück in die Kanne,
- die Tropfen am Glas werden ebenfalls mit dem Tuch abgewischt und das Glas wieder abgestellt.

Nun führt das Kind die Übung in gleicher Weise durch. Nach der Übung trocknen Leiterin und Kind die Gefäße ab und stellen alle benötigten Materialien zurück auf ihren Platz.

Weitere Übungsvorschläge
- Man führt Gießübungen mit verschiedenen Gläsern durch.
- Man zeigt dem Kind, wie man mit einem Trichter umgeht.

Anwendung der Übung im täglichen Leben
- Sich selbst ein Getränk eingießen,
- anderen Kindern ein Getränk eingießen,
- Blumen gießen *(vgl. von Oy, 1993, S. 48 ff.)*.

186) „Händewaschen"

Material: Handwaschbecken im Waschraum, Seifenschale mit Seife entsprechend der Hand des Kindes, helles kleines Handtuch, Eimer, Aufnehmer

Darbietung und Übung

- Alle benötigten Materialien (siehe oben) stehen griffbereit oder werden vor dem Waschvorgang mit dem Kind gemeinsam geholt.
- Die Leiterin stellt sich vor das Waschbecken und krempelt sich die Ärmel hoch.
- Sie steckt den Stöpsel in das Waschbecken und es wird mit lauwarmem Wasser gefüllt.
- Sie legt die Hände in das Wasser, hebt sie hoch und lässt sie leicht abtropfen.
- Sie fasst die Seife an und beginnt, die Hände Finger für Finger einzuseifen, indem sie jeden Finger vom Nagel bis zur Wurzel einseift.
- Sie legt die Seife an ihren Platz zurück.
- Dann taucht sie die Hände wieder in das Wasser.
- Die Leiterin hält die Hände hoch und schüttelt sanft die Tropfen ab.
- Der Stöpsel wird herausgezogen, damit das Wasser ablaufen kann.
- Sie nimmt ein helles Handtuch und trocknet Finger für Finger vom Nagel bis zur Wurzel ab.
- Das Handtuch wird zurückgehängt.

Nun führt das Kind die Übung in gleicher Weise durch. Nach der Übung stellen Leiterin und Kind alle benötigten Materialien zurück auf ihren Platz.

Weitere Übungsvorschläge

- Man führt das Kind in den Gebrauch des Waschlappens ein.
- Kinder zeigen sich gegenseitig, wie die Hände richtig gewaschen werden.

Anwendung der Übung im täglichen Leben

Das Kind wäscht sich vor jedem Essen selbstständig die Hände *(vgl. von Oy, 1993, S. 38 f.)*.

187) „Tischdecken"

Material: Ein Tablett mit folgenden Gegenständen: Dessertteller, Unterteller, Untertasse, Platzdeckchen; eventuell Tischschmuck wie Blumen in einer kleinen Vase, Kerzen.

Darbietung und Übung

- Die Leiterin holt gemeinsam mit dem Kind alle Dinge, die zum Tischdecken benötigt werden, aus dem Schrank.
- Sie legt ein Platzdeckchen an einen Platz.
- Danach fasst sie den Dessertteller mit beiden Händen und stellt ihn mit langsamen deutlichen Bewegungen zentriert an den Tischrand auf das Platzdeckchen.
- Ebenso fasst sie den Unterteller an und platziert ihn rechts oben neben den Dessertteller.
- Sie greift nun den Henkel der Tasse und stellt diese auf den Unterteller.
- (Eventuell stellt sie in die Mitte des Tisches die Kerze und die Blumenvase.)

Zum Schluss räumt die Leiterin das Gedeck wieder ab und bittet das Kind, in gleicher Weise den Tisch zu decken.

Weitere Übungsvorschläge

- Auf jeden Teller wird eine Serviette gelegt und ein Messer zwischen Dessertteller und Unterteller.
- Ein Kaffeelöffel wird neben die Tasse auf den Unterteller gelegt.
- Lebensmittel zum Frühstücken, wie Marmelade, Brot und Butter werden auf den Tisch gestellt.

Anwendung der Übung im täglichen Leben

- Das Kind legt an jeden Platz ein Platzdeckchen und stellt ein Gedeck darauf, um den Frühstückstisch für die Gruppe zu decken *(vgl. von Oy, 1993, S. 40 f.)*.

188) „Abwischen eines Tisches"

Material: Kindertisch, ein kleiner Eimer, Spülmittel, Schwamm, Trockentuch

Darbietung und Übung

- Die Leiterin gibt einen Tropfen Spülmittel in einen kleinen Eimer und füllt ihn halbvoll mit lauwarmem Wasser.
- Sie geht mit diesem Eimer zu einem kleinen Kindertisch, stellt ihn ab und holt die weiteren Materialien.
- Nun taucht sie den Schwamm in das Wasser und drückt ihn mit deutlichen Bewegungen etwas aus.
- Sie reibt die verschmutzte Tischfläche ab, indem sie von den Ecken zur Mitte hin arbeitet.
- Sie spült den Schwamm in dem Wasser gut aus und drückt ihn aus, sodass er nur noch leicht feucht ist.
- Sie geht nochmals mit dem Schwamm in gleicher Weise wie oben beschrieben über die Tischfläche.
- Danach reibt sie mit dem trockenen Tuch mit kreisenden Bewegungen von der Ecke zur Mitte die Tischfläche sorgfältig ab, bis diese ganz trocken ist.
- Zum Schluss gießt sie das Wasser aus und stellt alle benötigten Materialien an den entsprechenden Platz zurück.

Sie fordert das Kind auf, die beobachtete Übung an einem anderen Tisch ebenfalls durchzuführen.

Anwendung der Übung im täglichen Leben

- Das Kind beteiligt sich beim Abwischen der Tische nach den Mahlzeiten.

189) „Geschirrspülen"

Material: Spülbecken und Plastikschüssel oder 2 Plastikschüsseln, Spülmittel, Spülbürste oder Spülschwamm, Abtropfgestell Geschirrtuch

Darbietung und Übung

Schritt 1:

- Die Leiterin bindet sich eine Schürze um.
- Sie füllt das vorhandene Spülbecken oder eine Plastikschüssel mit handwarmem Wasser und gibt ein bis zwei Tropfen Spülmittel hinzu.
- In die (andere) Plastikschüssel füllt sie handwarmes klares Wasser.
- Sie legt einen Teller ins Abwaschwasser und säubert ihn mit der Spülbürste oder dem Spülschwamm mit kreisenden Bewegungen von der Mitte des Tellers bis zum Tellerrand.
- Danach legt sie den Teller in das klare Wasser, spült den Schaum darin ab und legt den gespülten Teller auf das Abtropfgestell.
- Die Leiterin nimmt das Geschirrtuch in die eine Hand, den Teller in die andere und trocknet ihn mit langsamen, deutlichen Bewegungen ab.
- Dann stellt sie den trockenen Teller auf seinen Platz.

Sie fordert das Kind auf, diese Übung mit weiterem Geschirr durchzuführen.

Schritt 2:

- Die Leiterin lässt das Spülwasser ab bzw. schüttet es aus.
- Die Spülbürste wird gereinigt und etwas ausgeschüttelt, der Schwamm gereinigt und ausgedrückt.
- Dann werden diese an ihren Platz zurückgeräumt und das Geschirrtuch zum Trocknen aufgehängt.

Weitere Übungsvorschläge

- Das Kind versucht nach und nach Schritt 2 alleine durchzuführen, z. B. indem es das Puppengeschirr in der oben beschriebenen Weise spült.

Anwendung im täglichen Leben

- Das Kind spült nach den Mahlzeiten sein benutztes Geschirr selbstständig ab.

190) „Auf- und Zuknöpfen großer Knöpfe an einem Verschlussrahmen"

Material: Rechteckiger Holzrahmen (ca. 30 x 30 cm) mit zwei Stoffteilen (an einem Stoffteil befinden sich fünf Knöpfe, an dem anderen Stoffteil entsprechend große Knopflöcher)

Darbietung und Übung

- Die Leiterin öffnet die Knöpfe des Rahmens von unten nach oben.
- Dann werden die Stoffteile auseinander geklappt.
- Mit beiden Händen wird jedes Stoffteil angefasst und zur Mitte gelegt.
- Die Leiterin umfasst den unteren Knopf mit Daumen, Zeigefinger und Mittelfinger.
- Sie schiebt ihn durch das untere Knopfloch.
- Mit den weiteren Knöpfen verfährt sie ebenso.

Das Kind wird aufgefordert, die beobachtete Übung zu wiederholen.

Vorübungen

- Als erste Vorübung können Knöpfe oder Muggelsteine aus- und eingeräumt werden und dabei mit Daumen, Zeigefinger und Mittelfinger umfasst werden.
- In einen leeren Schuhkarton wird ein Schlitz geschnitten. Das Kind steckt Knöpfe und Muggelsteine hinein.
- Dann übt das Kind das Auf- und Zuknöpfen an einem Rahmen mit einem sehr großen Knopfloch und einem entsprechenden Knopf.

Weitere Übungen

- Das Kind übt das Auf und Zuknöpfen einfacher Knopfverschlüsse, z. B. an einer Serviettentasche.
- Das Kind übt das Auf- und Zuknöpfen von Kleidungsstücken im Rollenspiel mit Puppen.

Anwendung der Übung im täglichen Leben

- Das Kind schließt die Knöpfe an seiner Kleidung selbstständig.
- Es hilft anderen Kindern beim Auf- und Zuknöpfen der Kleidung.

191) „Schleife binden an einem Rahmen mit fünf Schleifen"

Material: Rechteckiger Holzrahmen (ca. 30 x 30 cm) mit zwei Stoffteilen, an deren Innenseite sich je fünf Schleifenbänder befinden. Die Bänder der beiden Seiten sind verschiedenfarbig, um dem Kind die Handhabung zu erleichtern

Darbietung und Übung

- Die Leiterin öffnet Schleife für Schleife von unten nach oben, fasst dabei die Enden der Bänder und zieht sie nach außen.
- Sie öffnet alle Knoten von unten nach oben.
- Dann werden die Stoffteile auseinander geklappt und die Bänder an den Seiten geordnet.
- Mit beiden Händen wird jedes Stoffteil angefasst und zur Mitte gelegt.
- Die Leiterin legt die beiden unteren Bänder durch Kreuzen der Arme übereinander und verfährt mit den anderen Bändern ebenso.
- Das Ende des oberen Bandes wird so unter das andere Band geschoben und herausgezogen, dass ein Knoten entsteht.
- Mit einem Band wird eine Schlaufe gebildet und diese wird dicht an den Knoten gehalten.
- Mit Daumen und Zeigefinger der anderen Hand wird das freie Band von vorne nach hinten um die Schlaufe geführt und durch die entstehende Öffnung über den Knoten gesteckt.
- Die beiden Schlaufen werden fest angezogen, sodass eine Schleife mit zwei gleichen Schlaufen und Enden entsteht.
- Das Kind wird aufgefordert, einen Teil der beobachteten Übung einzuüben (die weiteren Schritte werden an mehreren aufeinander folgenden Tagen eingeübt).

Weitere Übungsvorschläge

- Eine Schleife wird an einem Schuh, der auf einem Tisch steht, ausprobiert.
- Am eigenen Schuh wird eine Schleife gebunden.
- Auf einem Pappkarton sind verschiedenartige Bänder befestigt, z. B. Kordeln, Geschenkbänder, Baumwolle: Das Kind bindet daraus Schleifen.

Anwendung der Übung im täglichen Leben

- Das Kind schließt seine Schleifen selbstständig,
- es hilft anderen Kindern beim Binden von Schleifen,
- es verpackt Geschenke und verschnürt sie mit Geschenkband und Schleifen *(vgl. von Oy, 1993, S.34 f.)*.

7.2 Tisch- und Brettspiele

Menschen mit Behinderungen zeigen Beeinträchtigungen in verschiedenen Bereichen, so wie sie auch unterschiedliche Stärken und Schwächen aufweisen können. Aus diesem Grunde kann kein Spiel angeboten werden, das für alle Mitglieder einer Gruppe gleich gut geeignet ist.
Spielleiter müssen vor dem Spielen das jeweilige Spiel sorgfältig überprüfen, um feststellen zu können, ob es sich in der vorgeschlagenen Form für die Gruppe gut eignet oder die Möglichkeit besteht, die Spielregeln entsprechend der Fähigkeiten der Gruppenmitglieder umzuwandeln. Hierzu sollten Spielleiter das Spiel unbedingt vorher selbst ausprobieren!

Bei der Auswahl konkreter Tisch- und Brettspiele sollten folgende Kriterien beachtet werden:

- **Die Spielregel muss leicht zu verstehen und kurz sein!**
- **Sie muss Möglichkeiten zur Änderung erlauben!**
- **Das Spiel sollte mit wenig und leicht handhabbarem Zubehör ausgestattet sein!**
- **Es sollte möglichst wenig Lesekarten (z. B. Aktionskarten) enthalten!**
- **Das Spielziel sollte mit viel Glück, nicht durch strategisches und taktisches Denken erreicht werden können, um niemanden zu überfordern!**

Zudem sollten erwachsenen Menschen mit Behinderungen keine Spiele aus dem Handel angeboten werden, die speziell für Kleinkinder oder Kinder entwickelt wurden, auch wenn ihre geistigen Fähigkeiten stark eingeschränkt sind. Diese Spiele sind in ihrer grafischen Darstellung meist sehr kindgemäß gestaltet, sodass sie erwachsene Menschen mit Behinderungen wenig ansprechen *(vgl. Krenzer, 1981, S. 30)*.

Zur besseren Übersicht werden die folgenden Gesellschaftsspiele mit Symbolen versehen:

K Spiele für Kinder mit Behinderungen

E Spiele für erwachsene Menschen mit Behinderungen oder Spiele, die sich bei entsprechender Veränderung auch für erwachsene Menschen mit Behinderungen eignen

192) *„Comic Memory" (zum Selbermachen)*

K E

Alter der Mitspieler:	ab 8 Jahren	**Spieldauer:**	ca. 10 Minuten
Anzahl der Mitspieler:	2 oder mehr	**Material:**	je nach geistiger Aufnahmefähigkeit 10-40 Bildkarten mit Motiven aus Walt-Disney-Filmen
Voraussetzung:	Bilder erkennen können		

Motive aus Comic-Heften z. B. von Walt Disney, wie „Donald Duck" und „Mickey Maus" dienen als Vorlage. Dieses Spiel bietet sich für Jugendliche und Erwachsene mit Behinderungen an, weil sie diese aus Comics in Heften oder Filmen kennen.
Es werden immer zwei Kärtchen zugeordnet. Die Karten liegen mit der Bildseite nach unten und es wird versucht, die richtige Zuordnung zunächst mithilfe des Zufallsprinzips vorzunehmen. In den weiteren Runden versuchen die Mitspieler, die richtigen Karten aufzudecken, indem sie sich merken, wohin sie gelegt wurden.
Zu Beginn sollte die Kartenzahl soweit beschränkt werden, dass sich keiner der Mitspieler überfordert fühlt (z. B. zehn bis zwölf Kärtchen) *(vgl. Krenzer, 1981, S. 34)*.

193) *„Domino"*

Alter der Mitspieler:	ab 8 Jahren	**Spieldauer:**	ca. 15 Minuten
Anzahl der Mitspieler:	2 oder mehr	**Material:**	je nach geistiger Aufnahmefähigkeit 10 oder mehr Spielsteine, die in der Mitte geteilt sind und bei denen sich auf jeder Seite Punktwerte von eins bis sechs befinden
Voraussetzung:	bis sechs zählen können		

Die Spielsteine werden gleichmäßig an alle Mitspieler verteilt. Derjenige, der den Stein ohne Punktwerte bekommt, legt diesen Stein als erster ab. Nacheinander legen die Mitspieler dann ihre Steine an. Dabei muss der nächste Spielstein immer dem Punktwert des einen oder anderen Endes entsprechen. Wer zuerst keine Spielsteine mehr hat, ist Sieger.

Variation: Zur Vereinfachung können die Punktwerte auch durch Bilder, Farben o. Ä. ersetzt werden. Ein solches Dominospiel lässt sich auch leicht selbst herstellen.

194) *„Koffer packen" (zum Selbermachen)*

Alter der Mitspieler:	ab 8 Jahren	**Spieldauer:**	ca. 10 Minuten
Anzahl der Mitspieler:	2 oder mehr	**Material:**	je nach geistiger Aufnahmefähigkeit 10-40 Bildkarten mit Motiven, die in einen Koffer gepackt werden können
Voraussetzung:	Bilder erkennen können		

Ähnlich wie beim Memoryspiel wird versucht, verdeckte Karten zu finden, auf denen bestimmte Gegenstände abgebildet sind, die in einen Koffer gehören (siehe Vorlage 8, CD). Unter den Karten befinden sich auch einige „Schabernackkarten". Die Zuordnung geschieht hier durch vorheriges Benennen der Gegenstände, die gesucht werden. So sagt ein Spieler z. B. „Ich packe eine Zahnbürste ein" und muss dann die Karte mit der Zahnbürste finden. Zieht er eine „Schabernackkarte", muss er diese nehmen und eine bereits erworbene Karte zurücklegen.

Eine Möglichkeit der Vereinfachung besteht z. B. darin, alle Karten gleichmäßig an die Mitspieler zu verteilen, jeweils einen verdeckten Kartenstapel zu bilden und reihum eine Karte des eigenen Stapels aufzudecken. Der abgebildete Gegenstand wird benannt und alle Mitspieler entscheiden, ob er in einen Koffer gehört oder nicht.

195) *„Bilderlotto mit einfachen Motiven" (zum Selbermachen)*

Alter der Mitspieler:	ab 4 Jahren	**Spieldauer:**	ca. 2-10 Minuten
Anzahl der Mitspieler:	1-4 Spieler	**Material:**	je nach geistiger Aufnahmefähigkeit 8 oder mehr Motive auf einer DIN A 4 Karte und 8 oder mehr Einzelkärtchen mit diesen Motiven
Voraussetzung:	Bilder erkennen können		

Die Einzelkärtchen (Vorlage 9, CD) liegen in der Mitte. Der oder die Spieler erhalten jeweils eine DIN A 4 Karte. Reihum wird versucht, die Einzelkärtchen den entsprechenden Bildern auf der Karte zuzuordnen.
Denkbar wäre es auch, ein sogenanntes „Kombilotto" herzustellen, bei dem Dinge zugeordnet werden, die zusammengehören, z. B.: Tasse – Untertasse; Topf – Deckel; Ei – Eierbecher; Zucker – Zuckerdose *(vgl. Krenzer, 1981, S. 37/56)*.

196) *„Malen nach Zahlen"* *(zum Selbermachen)*

Alter der Mitspieler:	ab 5 Jahren	**Spieldauer:**	ca. 15 Minuten
Anzahl der Mitspieler:	2-4 Spieler	**Material:**	Ausmalbild, Würfel, Buntstifte
Voraussetzung:	bis sechs zählen können, Ziffern erkennen und einer gewürfelten Zahl zuordnen können, kleinere Flächen ausmalen können		

Es wird reihum gewürfelt. Entsprechend der gewürfelten Zahl wird in jeder Runde jeweils ein Feld ausgemalt (Vorlagen 10 und 11, CD). Zuvor wird festgelegt, welche Farben welcher gewürfelten Zahl entsprechen. Wer zuerst alle Felder ausgemalt hat, ist Sieger *(vgl. Krenzer, 1981, S. 37)*.

197) *„Jahreszeiten-Würfelspiel"* *(zum Selbermachen)*

Alter der Mitspieler:	ab 5 Jahren	**Spieldauer:**	ca. 15 Minuten
Anzahl der Mitspieler:	2-4 Spieler	**Material:**	Spielidee 1: je ein Spielplan und zwölf Auflegeplättchen für jeden Mitspieler, Farbwürfel Spielidee 2: einen Spielplan, zwölf Auflegeplättchen für jeden Mitspieler, Farbwürfel

Vorbereitung:

Der Spielplan und die Auflegeplättchen (siehe Vorlage 12, CD) werden vergrößert, ausgeschnitten und passend zu den Jahreszeiten mit farbigem Hintergrund versehen:

- Frühling (Osterglocke, Ostereier, Hase) = grün
- Sommer (Sonnenschirm, Strand, Melone) = blau
- Herbst (Blätter, Kürbisse, Nüsse) = gelb
- Winter (Schneemann, Adventskranz, Mädchen mit Mütze) = weiß

Das Geburtstagsfeld in der Mitte erhält einen roten Hintergrund.

Spielidee 1:

Jedes Kind bekommt einen Spielplan und zwölf Auflegeplättchen. Es wird reihum mit einem Farbwürfel gewürfelt. Entsprechend der gewürfelten Farbe legt jeder Spieler in den Würfelrunden nacheinander passende Auflegeplättchen in die Jahreszeitenfelder.

Wird „Rot" gewürfelt, hat der Spieler Geburtstag und bekommt von jedem Mitspieler ein Plättchen geschenkt. Diese „Geschenke" legt der Spieler in das Geburtstagsfeld in die Mitte. Bei „Schwarz" hat er Pech und muss ein Plättchen seiner Wahl wieder zurücknehmen.

Wenn ein Kind keine Auflageplättchen mehr zur Verfügung hat, ist das Spiel beendet. Wer dann die meisten Plättchen auf seinem Spielplan unterbringen konnte, ist Sieger.

Spielidee 2:

Jeder Mitspieler erhält zwölf Auflageplättchen, die beim Reihumwürfeln entsprechend der gewürfelten Farben auf dem Spielplan platziert werden.

Wird „Schwarz" gewürfelt, muss der Spieler ein Plättchen wieder zurücknehmen. Die Farbe „Rot" zeigt auch hier an, dass das Kind Geburtstag hat. Es darf ein beliebiges Plättchen in das Geburtstagsfeld legen. Wer zuerst keine Plättchen mehr hat, ist Sieger.

(Spielidee und Gestaltung: Rolf Krenzer und Dagmar Domina, vgl. Krenzer, 1981, S. 58 f.)

198) „Café international"

– Einführung und vereinfachte Regeln zu einem Gesellschaftsspiel aus dem Handel –

Alter der Mitspieler: je nach Auffassungsgabe ab ca. 12 Jahren **Spieldauer:** ca. 45 Minuten
Anzahl der Mitspieler: 2-4 Spieler

Es handelt sich hierbei um ein Anlegespiel, bei dem Glück eine große Rolle spielt. Es wurde Spiel des Jahres 1989.

Spielbeschreibung:
Es geht darum, in einem Cafe freie Tische (mit jeweils vier Stühlen) mit Pappfiguren, auf denen Menschen zwölf verschiedener Nationen abgebildet sind, zu besetzen.
Es gibt 24 Tische, wobei jeder Tisch von Paaren bestimmter Nationen belegt werden muss.
Ein Joker, der gezogen wird, ersetzt beliebige Gästekarten.
Wer an der Reihe ist, legt entsprechend der Spielregeln Gästekärtchen oder Joker ab und erhält eine entsprechende Punktzahl. Zum Zählen der Punkte werden farbige Plastikchips verwendet.
Wenn bestimmte, in der Spielanleitung beschriebene Situationen eingetreten sind (z. B. der letzte freie Stuhl wurde besetzt), ist das Spiel beendet.
Der Spieler mit den meisten Punkten hat gewonnen.

Vorschläge zur Einstimmung, Einführung und zum Ausklang

Einstimmung:
- Die Spieler schauen auf einer großen Weltkarte nach, wo die einzelnen Länder liegen, die in dem Spiel vorkommen.
- Alle malen die Fahnen der Länder nach.
- Alle schauen sich die originellen, typischen Kopfbedeckungen, Haartrachten an und spielen mit entsprechenden Verkleidungen Aktionen aus dem Spiel nach.

Einführung:
- Der Spielleiter hilft am Anfang beim Punktezählen.
- Der Joker wird zunächst weggelassen.

Ausklang:
- nach dem Spiel kann von allen Mitspielern z. B. ein richtiges Café besucht werden *(vgl. Halbig/Wehnert, 2002, S. 16-17)*.

199) „Carcassonne“

– Einführung und vereinfachte Regeln zu einem Gesellschaftsspiel aus dem Handel –

Alter der Mitspieler: je nach Auffassungsgabe ab ca. 12 Jahren **Spieldauer:** ca. 45 Minuten
Anzahl der Mitspieler: 2-5 Spieler

Es handelt sich hierbei um ein taktisches Legespiel, wobei der Glücksfaktor überwiegt. Es wurde Spiel des Jahres 2001.

Spielbeschreibung:
Es geht in diesem Spiel darum, eine mittelalterliche Landschaft mit Städten, Klostergebieten und Wiesengeländen zu entwickeln.
Es ist kein Spielplan vorhanden, sondern 72 Landschaftskarten, die nach dem Dominoprinzip angelegt werden und mit sogenannten Gefolgsleuten besetzt werden.

Jeder Spieler erhält zu Beginn des Spiels acht Spielfiguren („Gefolgsleute“) in einer Farbe. Die Landschaftskarten werden gut gemischt und in Stapeln auf den Tisch gelegt.
Im Uhrzeigersinn werden reihum Landschaftskarten aus dem Stapel gezogen und es wird versucht, diese an bereits liegende Karten anzulegen.
Ziel des Spiels ist es, aus den Landschaftskarten Straßen, Burgen und Klöster zu bauen und diese mit den eigenen „Gefolgsleuten“ zu besetzen. Gelingt es einem Spieler, eine Burg zu bauen oder Klostergebiete abzugrenzen, kann er eine seiner Spielfiguren (Gefolgsleute) auf das entsprechende Gebiet stellen.
Das Spiel ist beendet, wenn ein Spieler alle Gefolgsleute eingesetzt hat oder ein weiteres Anlegen nicht mehr möglich ist.
Zum Schluss werden Punkte für die Anzahl der gewonnenen Landschaftskarten und auch für die eingesetzten Gefolgsleute erteilt.
Wer die höchste Punktzahl erreicht hat, ist Sieger.

Vorschläge zur Einstimmung, Einführung und zum Ausklang

Einstimmung:
- Gespräch über das Leben im Mittelalter;
  Bücher mit Abbildungen von Rittern, Burgen o. Ä. anschauen.

Einführung:
- Der Spielleiter stellt die einzelnen Landschaftskarten vor.
- Zunächst wird versucht, mit offenen Karten verschiedene Gebiete zu entwickeln.

Ausklang:
- Nach dem Spiel kann ein mittelalterlicher Markt besucht werden.
- Es kann eine mittelalterliche Speise mit entsprechenden Zutaten zubereitet und aus tönernen Gefäßen verzehrt werden *(vgl. Halbig/Wehnert, 2002, S.18 f.)*.

7.3 Spiele für alle Sinne

Spiele für alle Sinne sind Spiele, bei denen die Sinne bewusst eingesetzt werden. Durch das Lernen und Begreifen mit allen Sinnen lernt das Kind mit Behinderungen sich selbst und seine Umgebung besser kennen. Der bewusste Einsatz gezielter Spiele zum Sehen, Hören, Tasten, Riechen und Schmecken hilft, Wahrnehmungsleistungen zu verfeinern. Das Kind richtet seine ganze Aufmerksamkeit gezielt auf einen Reiz und ist so in der Lage:

- Gesehenes (z. B. Farben und Formen) wiederzuerkennen,
- Geräusche zu differenzieren,
- Material- und Oberflächenstrukturen zu unterscheiden,
- sich einen Überblick über verschiedene Geruchs- und Geschmacksqualitäten zu verschaffen.

Hinweise zur Durchführung von Sinnesspielen

1. Gerade beim Spielen mit Kindern mit Behinderungen, sollte darauf geachtet werden, dass nur Reize aus <u>einem</u> Wahrnehmungsbereich angeboten werden, um niemanden zu überfordern!

2. Bei Spielen zum Sehen ist auf gute Lichtverhältnisse zu achten!

3. Wenn möglich, sollte bei allen Spielen zum Hören, Tasten, Riechen und Schmecken der Sehsinn ausgeschaltet werden (z. B. mithilfe einer Augenbinde), damit die Erfahrungsmöglichkeiten des angebotenen Reizes intensiver sind.

4. Werden solche Spiele zum Hören durchgeführt, bei denen in einer Spielrunde verschiedene Geräuschquellen erkannt werden müssen (z. B. Geräuschdosen), wird in dieser Runde mit dem gleichen Ohr gehört, da es möglich ist, dass der Spieler auf beiden Ohren unterschiedlich gut hören kann.

4. Um die Empfindsamkeit der Fingerspitzen bei Tastspielen zu erhöhen, werden die Hände vor dem Spiel im warmen Wasser gewaschen.

5. Aufgrund unserer eingeschränkten Unterscheidungsfähigkeit beim Riechen, sollten bei Spielen zum Unterscheiden von Gerüchen nicht zu viele verschiedene Düfte auf einmal angeboten werden!

Sehen

200) „Farbtäfelchenmemory" (zum Selbermachen)

Alter der Mitspieler:	je nach Behinderungsgrad ab 4 Jahren	**Spieldauer:**	ca. 10 Minuten
Anzahl der Mitspieler:	2 oder mehr	**Material:**	je nach geistiger Aufnahmefähigkeit 10 – 40 Farbtäfelchen (= 5-20 Paare)

Es werden wie bei jedem anderen Memory immer zwei Holz- oder Papptäfelchen der gleichen Farbe einander zugeordnet. Zu Beginn sollten eindeutig voneinander zu unterscheidende Farben gewählt werden (z. B. die Grundfarben) und die Kartenzahl soweit beschränkt werden, dass sich keiner der Mitspieler überfordert fühlt. Im weiteren Verlauf können dann immer mehr Farbtäfelchen hinzugenommen werden.

201) „Garnrollenspiel" *(zum Selbermachen)*

Alter der Mitspieler:	je nach Behinderungsgrad ab 4 Jahren	**Spieldauer:**	ca. 10 Minuten
Anzahl der Mitspieler:	2 oder mehr	**Material:**	10 Karten mit ein bis zehn verschiedenfarbigen Streifen, 55 Garnrollen mit 10 unterschiedlich farbigem Garn umwickelt in (Anzahl und Farbgebung entsprechen den Streifen auf den 10 Karten)

Entsprechend der Aufnahmefähigkeit des Kindes/der Kinder werden zwischen drei und zehn Karten nebeneinander ausgelegt. Das Kind/ die Kinder versuchen nun, das auf der Karte abgebildete Streifenmuster mit den farbigen Garnrollen nachzulegen.

202) „Was fehlt?"

Alter der Mitspieler:	je nach Behinderungsgrad ab 4 Jahren	**Spieldauer:**	ca. 10 Minuten
Anzahl der Mitspieler:	2 bis 15	**Material:**	ca. 10 Gegenstände aus der unmittelbaren Umgebung

Die Spielleiterin legt bis zu zehn Gegenstände aus, die sich alle Mitspieler einige Minuten anschauen. Dann bittet sie die Mitspieler, die Augen zu schließen. Sie nimmt einen Gegenstand weg, der dann erraten werden muss. Derjenige, der den Gegenstand benennt, darf den nächsten Gegenstand entfernen *(vgl. Krenzer, 1983, S. 57)*.

203) „Was liegt unter dem Tuch?"

Alter der Mitspieler:	je nach Behinderungsgrad ab 4 Jahren	**Spieldauer:**	ca. 10 Minuten
Anzahl der Mitspieler:	2 bis 15	**Material:**	ca. 10 Gegenstände aus der unmittelbaren Umgebung, Tischtuch

Die Spielleiterin legt bis zu 10 Gegenstände aus, die sich alle Mitspieler einige Minuten anschauen. Dann legt sie ein großes Tuch über alle Gegenstände. Sie fragt welche Gegenstände sich unter dem Tuch befinden. Alle dürfen raten. In einer nächsten Runde darf ein Kind bis zu zehn neue Gegenstände auslegen *(vgl. Krenzer, 1983, S. 59)*.

204) „Was hat sie angezogen?"

Alter der Mitspieler:	je nach Behinderungsgrad ab 4 Jahren	**Spieldauer:**	ca. 10 Minuten
Anzahl der Mitspieler:	2 bis 15	**Material:**	verschiedene Kleidungsstücke wie Mütze, Handschuhe, Schal

Die Spielleiterin fordert die Mitspieler auf, sie einige Minuten genau anzusehen. Dann schließen die Mitspieler die Augen. Die Spielleiterin zieht ein zusätzliches Kleidungsstück an. Alle dürfen die Augen wieder öffnen und raten, um welches Kleidungsstück es sich handelt *(vgl. Krenzer, 1983, S. 58)*.

205) „Was gehört zusammen?"

Alter der Mitspieler:	je nach Behinderungsgrad ab 4 Jahren	**Spieldauer:**	ca. 5 Minuten
Anzahl der Mitspieler:	2 bis 15	**Material:**	ein Tablett mit jeweils zwei gleichen Gegenständen, je nach Behinderungsgrad 5-10 Paare (z. B. farbige Legeplättchen, Steine, Knöpfe, Holz- oder Plastiktiere, Spielautos)

Die Spielleiterin zeigt dem Kind oder der Gruppe ein Tablett, auf dem sich je zwei gleiche Gegenstände befinden. Die Spieler werden nun aufgefordert, alle Gegenstände, die sich genau gleichen, zusammenzusuchen. Umso geringer die Unterscheidungsmöglichkeiten sind, umso schwieriger wird das Spiel *(vgl. Krenzer, 1983, S. 59)*.

206) „Wer ist der Anführer?"

Alter der Mitspieler:	je nach Behinderungsgrad ab 4 Jahren	**Spieldauer:**	ca. 10 Minuten
Anzahl der Mitspieler:	4 bis 10	**Material:**	–

Es wird ein Stuhlkreis gebildet und ein Kind verlässt den Raum. Die Spielleiterin einigt sich mit der Gruppe auf einen „Anführer", der Bewegungen vormachen darf, die alle Mitspieler nachahmen (z. B. klatschen, Grimassen schneiden, Haare kämmen). Dann wird das Kind wieder hereingerufen und versucht, den Anführer ausfindig zu machen *(vgl. Krenzer, 1983, S. 60)*.

Hören

207) „Geräuschdosenmemory“ (zum Selbermachen)

Alter der Mitspieler:	je nach Behinderungsgrad ab 4 Jahren	**Spieldauer:**	ca. 10 Minuten
Anzahl der Mitspieler:	in Kind in Begleitung der Spielleiterin	**Material:**	je nach Behinderungsgrad sechs bis zwölf Filmdöschen, Klebepunkte in zwei verschiedenen Farben, verschiedene Sorten Füllmaterial für die Filmdosen (z. B. Erbsen, Reis, Sand, Pfefferkörner)

Vorbereitung:
Es werden jeweils zwei Filmdöschen mit gleichem Material befüllt. Auf die eine Serie der Döschen klebt man dann z.B. rote Punkte, auf die andere blaue. Zur Fehlerkontrolle erhalten die gleichen Paare außerdem auf der Standseite ein gleiches Zeichen (z. B. ein Kreuz, einen Kreis, ein Quadrat u. ä.)

Spielbeschreibung:
Die Filmdosen werden auf den Tisch gestellt. Die Spielleiterin zeigt zunächst die Vorgehensweise:
Sie nimmt ein Filmdöschen mit einem roten Klebepunkt, hält es an das rechte, dann an das linke Ohr und schüttelt es hin und her. Dann probiert sie herauszufinden, welches Filmdöschen mit blauem Punkt das gleiche Geräusch erzeugt. Hat sie ein Paar gefunden, stellt sie es zur Seite und probiert in gleicher Weise die weiteren Paare zu ermitteln. Zum Schluss kontrolliert sie durch Umdrehen der Filmdöschen, ob sie alles richtig gehört hat.
Dann fordert sie das Kind auf, dieses Spiel durchzuführen.

208) „Was macht ihr da?“

Alter der Mitspieler:	je nach Behinderungsgrad ab 5 Jahren	**Spieldauer:**	ca. 5 Minuten
Anzahl der Mitspieler:	2-6	**Material:**	Augenbinde

Die Spielleiterin wählt ein Kind aus, das eine Augenbinde erhält. Nun produzieren alle anderen Mitspieler verschiedene Geräusche, wie z. B. husten, klatschen, ein Fenster öffnen.
Das Kind mit der Augenbinde versucht zu erraten, um welche Geräusche es sich jeweils handelt *(vgl. Krenzer, 1983, S. 62)*.

209) „Wer klopft denn da?“

Alter der Mitspieler:	je nach Behinderungsgrad ab 5 Jahren	**Spieldauer:**	ca. 5 Minuten
Anzahl der Mitspieler:	4-8	**Material:**	Augenbinde

Es wird ein Kreis gebildet. Ein Spieler erhält eine Augenbinde und stellt oder setzt sich in die Mitte des Kreises. Die Spielleiterin fordert ein Kind durch Handzeichen auf, zu dem Kind zu gehen. Es tippt auf die Schulter des Kindes und fragt: „Wer klopft denn da?“ Das Kind mit der Augenbinde muss nun versuchen, den „Klopfer“ an seiner Stimme zu erkennen *(vgl. Krenzer, 1983, S. 65)*.

Tasten

210) *„Tastmemory" (zum Selbermachen)*

Alter der Mitspieler:	je nach Behinderungsgrad ab 4 Jahren	**Spieldauer:**	ca. 10 Minuten
Anzahl der Mitspieler:	ein Kind	**Material:**	je nach geistiger Aufnahmefähigkeit 6-12 Holzstückchen (= 3-6 Paare) beklebt mit 6 verschiedenen Materialien (z. B. Jute, glatter Stoff, Schmirgelpapier, Teddyfutter)

Die drei bis sechs Paare (beklebte Rundhölzer aus einem zersägten Besenstiel) befinden sich in einem Stoffsäckchen. Mit verbundenen Augen versucht das Kind durch Ertasten die zwei zusammengehörenden Holzstückchen zu finden.

211) *„Tastsäckchen" (zum Selbermachen)*

Alter der Mitspieler:	je nach Behinderungsgrad ab 4 Jahren	**Spieldauer:**	ca. 10 Minuten
Anzahl der Mitspieler:	1 oder 2	**Material:**	je nach geistiger Aufnahmefähigkeit 6-12 6-12 „Dominosäckchen" gefüllt mit drei deutlich voneinander zu unterscheidenden Materialien

Es werden sechs bis zwölf Stoffsäckchen in der Größe 14 x 7 cm genäht, die in der Mitte jeweils durchgenäht werden und an den beiden schmalen Kanten zunächst noch eine Öffnung haben. Die Säckchen werden dann an beiden Seiten mit unterschiedlichem Material befüllt (z. B. Linsen, Erbsen, große Bohnen). Jeweils zwei Säckchenhälften der unterschiedlichen Säckchen erhalten den gleichen Inhalt.
Zur späteren Fehlerkontrolle werden sie auf der Rückseite mit einem identischen Zeichen versehen.
Ein Säckchen wird in die Mitte gelegt. Dann wird der Inhalt der anderen Säckchen befühlt und versucht, durch weiteres Ertasten das passende Säckchen zu finden. Sind alle Pärchen zugeordnet, kann mithilfe der Zeichen auf der Rückseite überprüft werden, ob alles richtig erfühlt wurde.

212) *„Was ist in meinem Koffer?"*

Alter der Mitspieler:	je nach Behinderungsgrad ab 4 Jahren	**Spieldauer:**	ca. 10 Minuten
Anzahl der Mitspieler:	2-6	**Material:**	Koffer mit verschiedenen Gegenständen, die sich deutlich voneinander unterscheiden (z. B. Hose, Bürste, Seife, Handtuch, Schuh, Handschuh), Augenbinden

Die Spielleiterin stellt einen Koffer gefüllt mit verschiedenen Gegenständen in die Mitte. Die Spieler werden aufgefordert, mit verbundenen Augen einzelne Gegenstände herauszunehmen und durch Tasten zu erraten, um was es sich jeweils handelt.
Zu Beginn sollten nur wenige, den Kindern bekannte Gegenstände genommen werden, um niemanden zu überfordern. Nach und nach können dann jedoch auch schwierigere Dinge hinzugenommen werden *(vgl. Krenzer, 1983, S. 60)*.

Riechen und Schmecken

213) „Welche Frucht ist das?"

Alter der Mitspieler:	je nach Behinderungsgrad ab 4 Jahren	**Spieldauer:**	ca. 5 Minuten
Anzahl der Mitspieler:	2-6	**Material:**	verschiedene Fruchtstückchen (z. B. Birne, Apfel, Pflaume, Nektarine), Augenbinde

Die Spielleiterin verbindet einem Kind die Augen und hält ihm zunächst ein Fruchtstückchen unter die Nase. Es versucht zunächst durch langes Einatmen zu erriechen, um welche Frucht es sich handelt. Kann es die Frucht nicht zuordnen, probiert es diese. Es nimmt die Augenbinde ab und bestimmt den nächsten Spieler *(vgl. Krenzer, 1983, S. 67)*.

214) „Riechflaschenmemory" (zum Selbermachen)

Alter der Mitspieler:	je nach Behinderungsgrad ab 4 Jahren	**Spieldauer:**	ca. 10 Minuten
Anzahl der Mitspieler:	ein Kind in Begleitung der Spielleiterin	**Material:**	je nach Behinderungsgrad sechs bis zwölf Filmdöschen, welche stark riechende Stoffe enthalten (z. B. Zimt, Kaffee, Kakao, Tee, Nelken, Anis), Klebepunkte in zwei verschiedenen Farben

Vorbereitung:
Es werden jeweils zwei Filmdöschen mit gleichem
Gewürz o. Ä. befüllt. Auf die eine Serie der Döschen klebt man dann z. B. rote Punkte, auf die andere blaue. Zur Fehlerkontrolle erhalten die gleichen Paare außerdem auf der Standfläche ein gleiches Zeichen (z. B. ein Kreuz, einen Kreis, ein Quadrat u. Ä.) .

Spielbeschreibung:
Die Filmdosen werden auf den Tisch gestellt. Die Spielleiterin öffnet eine Dose und zeigt zunächst wie man durch langes Einatmen daran riecht. Sie stellt die Dosen einer Serie auf die eine Seite, die Dosen der anderen Serie auf die andere Seite des Tisches.
Sie öffnet dann alle Dosen und verbindet dem Kind die Augen. Das Kind erhält eine Dose der roten Serie. Dann gibt die Spielleiterin ihm nach und nach ein Döschen der anderen Serie in die Hand und das Kind vergleicht die beiden Gerüche. Meint es ein Paar gefunden zu haben, meldet es dieses an. Die Spielleiterin stellt dann das Paar an die Seite und verschließt die Dosen wieder.
Hat das Kind die Augenbinde abgenommen, wird überprüft, ob es die richtige Zuordnung getroffen hat *(vgl. von Oy, 1993, S.109)*.

7.4 Feste und Feiern für Menschen mit Behinderungen

Gerade in Einrichtungen für Menschen mit Behinderungen bedarf es zahlreicher Vorüberlegungen, damit ein Fest oder eine Feier gelingen kann. Je nach Anlass des Festes oder der Feier bieten sich ganz unterschiedliche Aktivitäten an, die Kinder oder Erwachsene mit Behinderungen gemeinsam mit ihren Betreuern durchführen:

- Anfertigen von Einladungskarten für die Gäste (z. B. für ein Sommerfest, eine Geburtstagsfeier),
- Gestaltung der Raumdekoration (z. B. für Ostern, die Adventszeit, Weihnachten),
- Durchführung von Spielen und Tänzen (z. B. während einer Karnevalsfeier, einer Geburtstagsfeier, eines Sommerfestes, eines Sportfestes),
- Basteln kleiner Geschenke (z. B. für das Geburtstagskind, für das gemeinsame Weihnachtsfest, als Preise für das Sommerfest), Masken (z. B. für eine Karnevalsfeier) oder Willkommensgrüße für die Gäste (z. B. für ein Sommerfest),
- Vorbereitung von Getränken und Speisen (für Feste und Feiern aller Art),
- Einstudieren kleiner Vorführungen.

Folgende Hinweise sollten bei allen Festvorbereitungen beachtet werden:

Hinweise zur Festvorbereitung in Einrichtungen für Menschen mit Behinderungen

1. **Alle praktischen Spiel- und Bastelvorschläge usw. zu Festen und Feiern sollten den individuellen Fähigkeiten und Fertigkeiten der Menschen mit Behinderungen entsprechen. Deshalb sollten Themen nur als Anregung verstanden werden, die gegebenenfalls etwas verändert werden müssen!**

2. **Ausgewählte Spiele können auch entsprechend der Schwere des Behinderungsgrades nach unterschiedlichen Spielregeln durchgeführt werden!**

3. **Da Menschen mit Behinderungen oft lange Zeit zum Anfertigen von Bastelarbeiten benötigen, sollte mit termingebundenen Arbeiten möglichst früh begonnen werden (z. B. Basteln von Raumschmuck für das Weihnachtsfest)!**

Bastelideen zur Vorbereitung einer Karnevalsfeier

215) Masken

Es sollte sich um möglichst einfache Masken handeln, wie z. B. eine Maske aus leichter Pappe, in die Löcher für die Augen geschnitten werden und die anschließend angemalt oder bunt beklebt wird.

Für diese einfache Maske wurde ein Luftballon mit mehreren Zeitungsschichten umkleistert, einige Tage getrocknet und dann entsprechend zugeschnitten und mit Fingerfarbe bemalt. Pfeifenputzer dienen als Haare. Die Nase wurde ebenfalls mit Hilfe der Pappmascheetechnik angefertigt.

216) Gestaltung der Raumdekoration

Die Fenster werden mit buntem Seidenpapier beklebt.

Einfache Girlanden aus Krepppapier werden hergestellt:

- Es werden ca. zehn cm breite Streifen zwei verschiedenfarbiger Krepppapierrollen abgeschnitten, an beiden Seiten in Abständen von einem cm etwa vier cm tief eingeschnitten, miteinander spiralförmig verdreht und an den Enden zusammengeheftet.
- Zwei etwa vier cm breite Krepppapierstreifen verschiedener Farben werden abgeschnitten. Am Anfang werden die beiden Streifen rechtwinklig übereinander geklebt. Dann wird abwechselnd Längsstreifen über Querstreifen und dann Querstreifen über Längsstreifen gefaltet. Am Ende werden beide Streifen dann wieder zusammengeklebt.

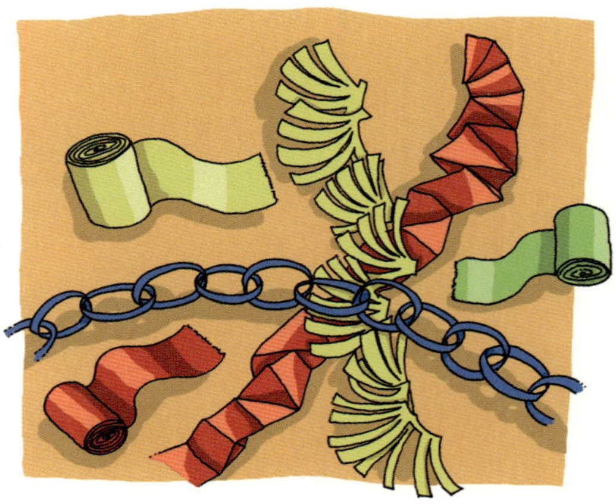

- Konfetti wird hergestellt, indem buntes Papier mit einem Locher bearbeitet wird.

Spiele

217) Tanzspiel „Reise nach Jerusalem"

Alter der Mitspieler:	Jugendliche/Erwachsene	**Spieldauer:**	ca. 10 Minuten
Anzahl der Mitspieler:	6-20 Spieler	**Material:**	Stühle, Musik

Es werden Paare gebildet. Für jedes Paar steht in einer Stuhlreihe ein Stuhl bereit. Musik wir eingespielt. Die Spieler gehen um die Stuhlreihe herum. Bei Musikstopp setzt sich ein Partner auf einen Stuhl und nimmt den anderen auf seinen Schoß. Beim zweiten Durchgang und allen folgenden ist jeweils ein Stuhl weniger vorhanden als mitspielende Paare *(vgl. Woesler, 1978, S. 96)*.

218) Tanzspiel „Apfelsinentanz"

Alter der Mitspieler:	Jugendliche/Erwachsene	**Spieldauer:**	ca. 10 Minuten
Anzahl der Mitspieler:	6-20 Spieler	**Material:**	3-10 Apfelsinen, Musik

Es werden Paare gebildet. Jedes Paar hält zwischen den Stirnpartien während des Tanzens eine Apfelsine, die es nicht verlieren darf. Verliert ein Paar seine Apfelsine, muss dieses ausscheiden. Mit der Hand aufgefangene Apfelsinen müssen beim Spielleiter abgeliefert werden *(vgl. Woesler, 1978, S. 243)*.

219) Tanzspiel „Füchse und Gänse"

Alter der Mitspieler:	Jugendliche/Erwachsene	**Spieldauer:**	ca. 10 Minuten
Anzahl der Mitspieler:	6-20 Spieler	**Material:**	Musik

Es wird ein Innen- und ein Außenkreis mit gleicher Anzahl von Mitspielern gebildet. Der Innenkreis stellt die Füchse dar. Er geht im Takt eingespielter Musik rechts herum, der Außenkreis (Gänse) in Gegenrichtung. Stoppt die Musik, wählt jeder „Fuchs" die „Gans" aus, die gerade vor ihm steht und tanzt mit ihr zu zweit weiter *(vgl. Woesler, 1978, S. 248)*.

220) Sketch „Der stärkste Mann der Welt"

Alter der Mitspieler:	je nach geistiger Aufnahmefähigkeit ab 10 Jahren	**Spieldauer:**	ca. 2 Minuten
Anzahl der Mitspieler:	2 Spieler	**Material:**	eine gebastelte Hantel

Für diesen einfachen Sketch wird an die beiden Enden eines Besenstiels jeweils eine als 500 kg Gewicht getarnte Dose befestigt. Diese Hantel liegt auf der Bühne. Der Erzähler kündigt den stärksten Mann der Welt an. Der Mann müht sich beim Gewichtheben ab, schafft es dann beim dritten Versuch, diese „schwere" Hantel zu heben. Alle applaudieren.
Dann erscheint ein (sehr kleiner) Assistent, klemmt sich mühelos das Gewicht unter die Arme und marschiert damit über die Bühne *(vgl. Woesler, 1978, S. 96)*.

221) Juxspiel „Pudding essen"

Alter der Mitspieler:	ab 6 Jahren	**Spieldauer:**	ca. 10 Minuten
Anzahl der Mitspieler:	2-6 Spieler	**Material:**	Teller mit Pudding, Löffel, Tücher entsprechend der Anzahl der Mitspieler

Den Mitspielern wird ein Schälchen mit Schokoladenpudding gezeigt. Dann werden ihnen die Augen verbunden und sie versuchen, den Schokoladenpudding auszulöffeln *(vgl. Woesler, 1978, S. 231)*.

Bastelideen für die Osterzeit

222) Osternester

E

Getrocknetes Moos, Ostergras aus dem Handel o. Ä. wird in ein Körbchen oder ein Deko-Glas gegeben. Einige selbstbemalte Ostereier mit dekorativem Muster und weitere Materialien, wie z. B. kleine Federn schmücken dieses Osternest.

223) Osterwiese

K

E

Etwa vierzehn Tage vor dem Osterfest werden flache Schalen mit Erde gefüllt, in welche man Kresse oder Gras sät und den Samen mit der flachen Hand festdrückt. Täglich wird dieser „Rasen" gesprengt. So entstehen schon nach kurzer Zeit kleine „Wiesen", in die selbstbemalte Ostereier gelegt oder auch Hasen aus Pappe, Ton oder ähnlichem Material hineingesetzt werden (siehe auch Abb. S. 121) *(vgl. Krenzer, 1981, S. 80 f.)*.

224) Osterstrauß

E

In eine Vase werden einige Zweige gestellt, die schon Knospen angesetzt haben. Je nach Interesse und Geschick der einzelnen Bewohner kann dieser Strauß mit bunt bemalten Ostereiern und einfachen selbstgebastelten Hasen (z. B. aus Pappe) geschmückt werden *(vgl. Krenzer, 1974, S. 36)*.

Tipp:
Auch mit Plastikeiern, die mit Materialien aus der Faschingszeit beklebt wurden, wie Konfetti und Luftschlangen, die in kleine Stücke gerissen wurden, lässt sich der Osterstrauß schnell, leicht und gleichzeitig sehr dekorativ verzieren.

225) Eierfärben mithilfe von Papierblättern

Im Handel erhältliche Spezialpapierblätter werden um die zu färbenden Eier gewickelt und festgebunden. Dann kocht man die Eier (vorher am stumpfen Ende mit einer Nadel einstechen). Nach dem Erkalten der Eier werden die Blätter wieder abgenommen. Es entstehen bunte Muster auf den nun fertigen Ostereiern *(vgl. Krenzer, 1974, S. 43)*.

226) Eierfärben mit Naturfarben, Blättern und Gräsern

Zum Färben der Eier werden ein Liter Wasser und folgende Naturmaterialien benötigt:

- Braun: äußere Zwiebelschalen von ca. zehn Zwiebeln
- Rosa: drei Knollen Rote Beete (dreißig Minuten kochen)
- Lila: eine Packung tiefgefrorene Heidelbeeren (werden in ein Sieb gegeben, zerdrückt und der Saft in einem kleinen Kochtopf aufgefangen)
- Gelb: ein TL bis ein EL Kurkuma-Pulver

Zum Verzieren der Eier werden benötigt:

- frische Blätter von Rosen, Petersilie, Glücksklee u. Ä.
- ein dünnes Stück Rollverband zum Überziehen der Eier
- Baumwollfaden

Auf die Eier wird vor dem Kochen das gewünschte Blatt oder die gewünschte Blüte gelegt, mit dem Rollverband überzogen und auf der Rückseite mit dem Baumwollfaden straff zugebunden.

Die so vorbereiteten Eier werden in das jeweilige kalte Farbbad gelegt, danach gekocht. In das Farbbad wird ein Schuss Essig gegeben. Folgendes ist zu beachten:

- Im Rote Beete-Sud dürfen die Eier nicht länger als zwölf Minuten kochen, weil sie sonst braun anstatt rosa werden.
- Das Kurkuma-Bad sollte nicht überkochen, weil dieses abfärben kann.

Nach dem Kochen werden die Eier auf reichlich Küchenkrepp gelegt und vom Nylonstrumpf und den Naturverzierungen befreit. Es entstehen wunderschöne Maserungen *(vgl. Baer, u. a., 2005, S. 20)*.

Spiele

227) Korbwerfen

K E

In Vorbereitung auf das Sommerfest werden Papierkörbe mit bunten Motiven aus Papier oder Pappe bunt gestaltet.
Jeder Spieler versucht, bunte Bälle in die aufgestellten Papierkörbe zu werfen. Es können kleine Preise oder auch „Trostpreise" nach diesem Spiel an die „Ballwerfer" ausgegeben werden *(vgl. Krenzer,1974, S. 139)*.

228) Dosenpyramide

K E

Vor dem Sommerfest werden ca. neun Dosen (z. B. leere Cappuccino-Dosen) bunt beklebt.
Diese werden in Form einer Pyramide aufgebaut. Es wird versucht, mit drei Würfen (z. B. mit einem kleinen Softball) möglichst viele Dosen umzuwerfen. Auch hier können die Spieler kleine Preise erhalten *(vgl. Krenzer, 1974, S. 139)*.

229) Torwandwerfen

K E

Man benötigt hierzu eine große Pappe, die vor dem Sommerfest folgendermaßen gestaltet wird:
In die Mitte wird ein größeres Loch geschnitten, so dass ein Ball gut hineingeworfen werden kann. Die Pappe kann dann bunt gestaltet werden, z. B. indem das Loch den geöffneten Mund eines Tieres darstellt.
Aus einer bestimmten Entfernung wird versucht, mit einem Softball das Loch zu treffen *(vgl. Krenzer, 1974, S. 140)*.

230) Wettangeln

K E

Gegenstände aus Plastik, die sich leicht angeln lassen, werden in einen bunt gestalteten Karton gelegt (z. B. Reifen, Tasse, Schlüsselanhänger). Mit einer selbst hergestellten Angel (Rundholz mit gebogenem Eisendrahthaken) wird versucht, die Dinge aus dem Karton zu angeln. Entweder die Gegenstände selbst oder andere kleine Gegenstände dienen als Preise *(vgl. Krenzer, 1974, S. 140)*.

231) Das große Wurfspiel

K E

Drei bis sechs runde Waschmitteltonnen werden in unterschiedlicher Höhe abgeschnitten und mit einfarbigem Papier umklebt. Jede Tonne erhält eine andere Punktzahl. Die Punkte werden wie bei einem Würfel angeordnet ebenfalls auf die Tonnen geklebt. Wer erreicht mit drei Würfen die höchste Punktzahl? *(vgl. Krenzer, 1974, S. 140)*

232) Glücksbänderziehen

K E

Auf einen höheren Tisch wird eine Decke oder ein Tuch gelegt, das bis zum Boden reicht und mit Deckenhaltern am Tisch befestigt wird. Hinter dem Tisch steht ein großer Karton mit kleinen Gewinnen, die jeder z. B. zum Abschluss des Festes erhält. Dazu ist an jedem Gewinn ein langes buntes Band befestigt, das über die Tischplatte reicht. Jeder darf einmal an einem Band ziehen und den herbeigeholten Gewinn behalten *(vgl. Krenzer, 1974, S. 141)*.

Bastelideen für die Advents- und Weihnachtszeit

233) Adventskalender aus Streichholzschachteln

K E

Vierundzwanzig Streichholzschachteln werden mit farbigem Papier umklebt. Auch die Außenwände der kleinen „Schublade" sollten nicht vergessen werden. Kleine Motive, die z. B. aus Weihnachtsgeschenkpapier herausgeschnitten werden, können zusätzlich auf die obere breite Seite der Streichholzschachtel geklebt werden.
Die Betreuer füllen die Schachteln mit kleinen Überraschungen (z. B. Süßigkeiten).
Dann kann z. B. eine Fensterbank als Weihnachtsdorf dekoriert werden, durch das eine kleine Holzeisenbahn fährt. Auf die Waggons werden die Schachteln gelegt. Jeden Tag erhält ein anderes Kind/anderer Bewohner ein kleines „Päckchen".

234) Adventskalender aus Stoffsäckchen

E

Bewohner, die im Nähen Geschick zeigen, können aus Stoffresten vierundzwanzig kleine Säckchen nähen. Diese werden dann von den Betreuer gefüllt und an eine lange Kordel gehängt. Jeden Tag darf ein anderer Bewohner ein Säckchen abschneiden und den Inhalt behalten. Die Säckchen sollten die Betreuer wieder zurücknehmen, damit dieser etwas aufwendige Kalender für weitere Jahre genutzt werden kann.

235) Sternenlichterkette

E

Material:
- Lichterkette mit zehn bis fünfzehn Birnchen
- möglichst helles Wachspapier
- Bleistift, Schere, Alleskleber oder Heißkleber

Voraussetzungen:
Diese Lichterkette können nur Bewohner basteln, die ein wenig motorisches Geschick besitzen.

Die abgebildete Schablone (siehe Vorlage 13, CD) wird für jeweils einen Stern zweimal abgezeichnet und sauber ausgeschnitten.
Zunächst faltet man alle eingezeichneten Bergfalten, indem man nacheinander jeweils nebeneinander liegende Spitzen übereinander legt, knickt und vor dem nächsten Faltgang wieder auseinanderlegt (es entsteht die eine Hälfte eines dreidimensionalen Sterns).
Dann werden die sieben Spitzen zur Mitte geknickt (Talfalten) und wieder auseinandergelegt.
Danach wird Raute A auf Raute B gelegt und angeklebt.
Hat man zwei Sternhälften fertiggestellt, werden die sechs Spitzen aufeinandergeklebt. Nach dem Trocknen können die gebastelten Sterne an der entstandenen Öffnung auf die Birnchen der Lichterkette geschoben werden.

Anmerkung:
Damit die Bewohner diesen Stern erfolgreich nacharbeiten können, sollte ihnen vorher ein Anschauungsmodell gezeigt werden.

Einladungskarten

236) Einladungskarte „bunte Kerzen"

K

Material:

- Bastelkarten,
- Wachspapier,
- Wachsmalstifte,
- gelbe Papierreste,
- Bügeleisen, Schere, Klebstoff.

Herstellung:

Ein ca. DIN A 5 großer Wachspapierbogen wird in der Mitte gefaltet und wieder aufgeklappt. Die eine Hälfte wird mit leuchtenden Wachsmalstiften kräftig angemalt. Dann wird der Bogen wieder so zusammengefaltet, dass die bemalte Seite innen liegt. Mit einem Bügeleisen wird auf niedriger Stufe über das Papier gebügelt, bis die Wachsmalfarbe zerlaufen ist.

Entsprechend des Alters des Geburtstagskindes werden aus dem Papier Kerzen ausgeschnitten und auf die Vorderseite der Karte geklebt. Aus gelben Papierresten wird für jede Kerze noch eine kleine Flamme ausgeschnitten.

237) Einladungskarte „Sternzeichen"

E

Material:

- Bastelkarten,
- Vorlage „Sternzeichen" (siehe Vorlagen 14-16, CD) als Anschauungsmaterial,
- vorbereitete bunte Quadrate mit den Kantenlängen ein cm und zwei cm,
- Schere, Klebstoff,
- Buntstifte, buntes Papier u. Ä. zur weiteren Gestaltung der Sternbilder

Herstellung:

Die Betreuerin bietet vorbereitete Quadrate aus Buntpapier in den Quantenlängen ein cm und zwei cm an. Es wird gemeinsam überlegt, welches Sternzeichen der Bewohner hat und die dementsprechende Abbildung gezeigt.

Der Bewohner legt und klebt zunächst die entsprechenden Quadrate/bzw. Dreiecke (diagonal durchgeschnittene Quadrate), die er zur Gestaltung seines Sternzeichens benötigt auf die Bastelkarte. Dann vervollständigt er sein Werk, indem er die fehlenden Teile (z. B. Hörner des Stiers, Mähne des Löwen) malt, aus Wolle oder anderen Materialien gestaltet.

Spiele

238) Topfschlagen

Material: größerer Topf, Holzkochlöffel, Tuch zum Verbinden der Augen, kleine Geschenke

Einem Kind werden die Augen verbunden. Dann wird der Topf umgedreht und irgendwo im Raum mit einem darunter liegenden Geschenk platziert. Das Kind erhält einen Kochlöffel und kriecht (den Kochlöffel schlagend) auf dem Boden herum, um den Topf zu finden. Um ihm die Suche zu erleichtern, erhält es Zurufe. Bei „kalt" ist es noch weit vom Topf entfernt, bei „warm" nähert es sich dem Topf. Hat das Kind den Topf gefunden, nimmt es das Tuch wieder ab und erhält das kleine Geschenk, das unter dem Topf liegt.

K

239) Flaschendrehen

Material: eine leere Glasflasche

Alle Geburtstagsgäste sitzen im Schneidersitz im Kreis. In der Mitte liegt eine leere Flasche. Ein Spieler beginnt und dreht an der Flasche. Hat die Flasche ausgedreht, darf sich der Spieler, auf den die Flasche zeigt, aus einem „Krabbelsack" ein kleines Geschenk ziehen oder muss eine Aufgabe erfüllen, die das Kind vorher genannt hat.

K E

240) Zeitungstanz

Alter der Mitspieler:	je nach Behinderungsgrad ab 5 Jahren	**Spieldauer:**	ca. 10 Minuten
Anzahl der Mitspieler:	4-10 Spieler	**Material:**	Zeitungspapier-Doppelbögen, Musik

Jeder Spieler erhält einen Doppelbogen Zeitungspapier, den er ausgebreitet vor sich auf den Boden legt und darauf tanzt. Wird die Zeitung einmal überschritten, muss der Spieler ausscheiden. Stoppt die Musik, wird der Bogen zur Hälfte in der Mitte gefaltet, dann wird weiter bis zur nächsten Unterbrechung getanzt.
Je kleiner die Tanzfläche wird, umso mehr Spieler scheiden aus. Gewonnen hat der Spieler, der es am längsten schafft, ohne überzutreten auf der Zeitung zu tanzen.

K E

Geburtstagslieder

241) „Hoch sollst du leben"

„Hoch sollst du leben,
hoch sollst du leben,
dreimal hoch, hoch, hoch."

Alle Kinder singen das Lied „Hoch sollst du leben". Bei „hoch, hoch, hoch" wird das auf dem Stuhl sitzende Geburtstagskind dreimal hochgehoben. Anschließend darf ihm jedes Kind etwas wünschen, z. B. „gesund sollst du bleiben". Jeden Glückwunsch ebenso mit den Kindern auf die gleiche Melodie singen und am Ende das Geburtstagskind immer dreimal hochleben lassen.

242) „Viel Glück und viel Segen"

„Viel Glück und Segen
auf all deinen Wegen,
Gesundheit und Frohsinn
sei auch mit dabei!"

Ballspiele

243) Rollmops

Alter der Mitspieler:	ab 10 Jahren	**Spieldauer:**	ca. 5 Minuten
Anzahl der Mitspieler:	pro Mannschaft 3-10 Spieler	**Material:**	ein Gymnastikball für jeden Spieler, ein Medizinball

Es werden zwei Mannschaften gebildet. Die Mitglieder der einen Mannschaft stehen rechts, die Mitglieder der anderen Mannschaft links hinter dem Spielfeld. Jeder hat einen Gymnastikball in der Hand. Auf ein Zeichen versuchen beide Mannschaften einen großen Ball (z. B. Medizinball), der sich genau auf der Mittellinie befindet, zu treffen, sodass er über die Mittellinie in das gegnerische Feld rollt.
Die Mannschaft, der dieses zuerst gelingt, hat gewonnen *(vgl. Bucher, 1989, S. 119)*.

244) Ballkrieg

Alter der Mitspieler:	ab 10 Jahren	**Spieldauer:**	ca. 10 Minuten
Anzahl der Mitspieler:	pro Mannschaft 4-10 Spieler	**Material:**	für jede Mannschaft einen großen Korb mit Bällen

Es werden zwei Mannschaften gebildet. Jede Mannschaft erhält einen großen Korb mit vielen Bällen. Die Mitglieder beider Mannschaften versuchen, möglichst viele Bälle ins gegnerische Spielfeld zu rollen oder zu werfen, bis das Signal „Stopp" ertönt. Die Mannschaft hat gewonnen, welche die meisten Bälle im „feindlichen Lager" hat *(vgl. Bucher, 1989, S. 119)*.

245) Sackball

Alter der Mitspieler:	ab 10 Jahren	**Spieldauer:**	ca. 10 Minuten
Anzahl der Mitspieler:	pro Mannschaft 4-10 Spieler	**Material:**	je einen Sack pro Spieler einer Mannschaft

Es werden zwei Mannschaften gebildet. Zunächst verteilen sich die Mitglieder einer Mannschaft gleichmäßig im Spielfeld. Jeder von ihnen hält einen offenen Sack in den Händen. Die Mitglieder der anderen Mannschaft versuchen, von einer Startlinie aus eine bestimmte Anzahl von Bällen in die Säcke zu werfen. Für jeden „Sackball" erhält die spielende Mannschaft einen Punkt, für jeden Fehlwurf die gegnerische Mannschaft.
Nach fünf bis zehn Minuten wechseln die Mannschaften ihre Rollen *(vgl. Bucher, 1989, S. 120)*.

Spiele mit Seil und Tau

246) Sternziehen

Alter der Mitspieler:	ab 10 Jahren	**Spieldauer:**	5-10 Minuten
Anzahl der Mitspieler:	pro Mannschaft 3-6 Spieler (6 Mannschaften)	**Material:**	drei Seile, die sternförmig miteinander verknüpft werden

Es werden sechs Mannschaften gebildet. Alle Mannschaften versuchen, den Mittelknoten aus dem Markierungspunkt (siehe Zeichnung) zu ziehen. Die Mannschaft, der dieses zuerst gelingt, ist Sieger *(vgl. Bucher, 1989, S. 191)*.

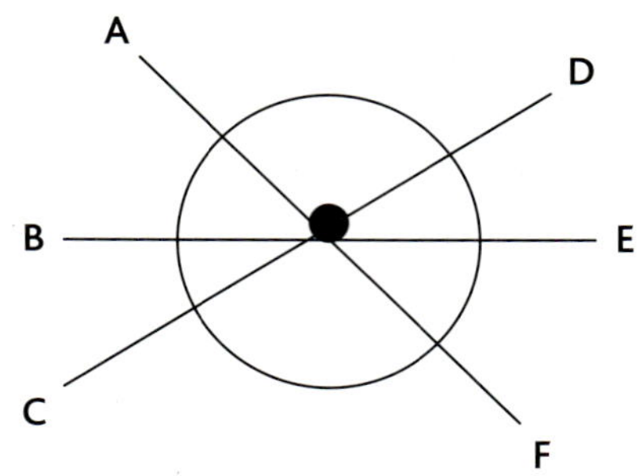

247) Ziehen und Hamstern

Alter der Mitspieler:	ab 10 Jahren	**Spieldauer:**	2-3 Minuten
Anzahl der Mitspieler:	2 Mannschaften mit 3-6 Spielern	**Material:**	ein Seil, Schwämme oder Tennisbälle, 2 Körbe

Es werden zwei Mannschaften gebildet. Die Mitglieder der einen Mannschaft ergreifen das Tau an der einen Seite, die Mitglieder der anderen Mannschaft an der anderen Seite. In einem markierten Kreis liegen „Vorräte", die es von den beiden Spielern an den jeweiligen Tauenden zu ergattern und in den „Mannschaftskorb" zu befördern gilt. Die anderen Mitglieder der Mannschaft wirken dabei durch gezieltes Ziehen am Tau unterstützend mit. Die Mannschaft, die nach zwei bis drei Minuten die meisten „Vorräte" im Korb gesammelt hat, ist Sieger *(vgl. Bucher, 1989, S. 138)*.

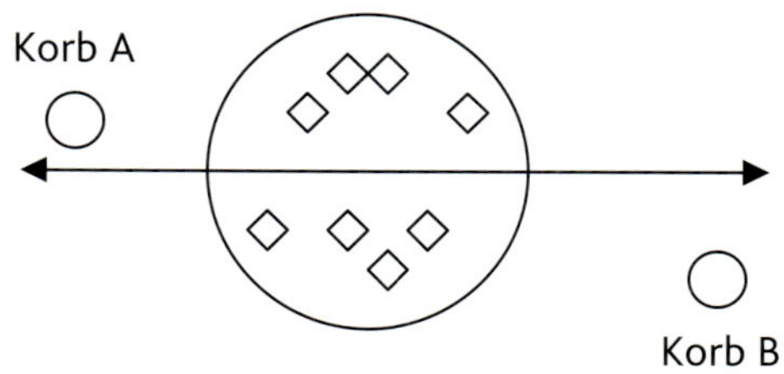

Spiele mit einfachen Spielgeräten/-materialien

248) Hungrige Vögel

Alter der Mitspieler:	ab 10 Jahren	**Spieldauer:**	5-10 Minuten
Anzahl der Mitspieler:	pro Mannschaft 3-6 Spieler (4 Mannschaften)	**Material:**	viele mit Bohnen, Erbsen o. ä. gefüllte Säckchen, 4 Körbe

K E

Es werden vier Mannschaften gebildet. Jede Mannschaft erhält einen anderen Vogelnamen. Die „Vogelmannschaften" platzieren sich in den vier Ecken eines abgegrenzten Spielfeldes. Genau in der Mitte des Spielfeldes befindet sich das „Vogelfutter" (gefüllte Säckchen), das es zu erbeuten gilt. Auf ein Zeichen fliegen alle „Vögel" zunächst um das Spielfeld herum. Beim nächsten Zuruf versuchen die „Vögel" möglichst viele gefüllte Säckchen einzeln in das Nest (Korb in ihrer „Startecke") zu tragen. Die Mannschaft mit dem meisten „Vogelfutter" ist Sieger *(vgl. Wilcox, 1991, S. 180)*.

249) Bohnensacklauf

Alter der Mitspieler:	ab 10 Jahren	**Spieldauer:**	10 Minuten
Anzahl der Mitspieler:	pro Mannschaft 10 Spieler	**Material:**	pro Mannschaft ein Säckchen mit Bohnen, Erbsen o. ä. gefüllt

K E

Die Mannschaften sitzen jeweils im Kreis. Ein Mitglied hat das Säckchen in der Hand. Nach dem Startsignal läuft dieser Spieler einmal um den Kreis herum, überreicht dem nächsten Spieler das Säckchen und setzt sich zurück auf seinen Platz. Das Spiel wird so lange fortgesetzt, bis alle Spieler einmal an der Reihe waren. Die Mannschaft, welche die Runde zuerst beendet hat, ist Sieger *(vgl. Wilcox, 1991, S. 113)*.

250) Dosenwettlauf

Alter der Mitspieler:	ab 10 Jahren	**Spieldauer:**	10 Minuten
Anzahl der Mitspieler:	pro Mannschaft 3-6 Spieler	**Material:**	für jede Mannschaft je 2 aus Blechdosen und einer Schnur angefertigte Laufdosen

K E

Die Mannschaften stehen in Reihen nebeneinander. Auf ein Startzeichen beginnen die ersten Spieler jeder Mannschaft bis zu einer Ziellinie mit den Dosen an den Füßen einen Wettlauf. Der jeweilige Sieger erhält einen Punkt für seine Mannschaft. Die Mannschaft mit den meisten Punkten hat gewonnen *(vgl. Bucher, 1989, S. 193)*.

Geschicklichkeitsparcours

251) Luftballontransport

Alter der Mitspieler:	ab 10 Jahren	**Spieldauer:**	ca. 10 Minuten
Anzahl der Mitspieler:	pro Mannschaft 3-6 Spieler	**Material:**	vier Kegel, 2 Stäbe oder Keulen und ein länglicher Luftballon pro Mannschaft

Die gleich großen Mannschaften stellen sich in einer Reihe auf. Vor jeder Mannschaft befinden sich in Meterabständen vier Kegel, die es im Slalomlauf zu umgehen gilt. Dabei hält der jeweilige Spieler einen Luftballon eingeklemmt zwischen zwei Stäben oder Keulen in der Hand. Er geht bis zum letzten Kegel, dann wieder zurück und übergibt den eingeklemmten Luftballon dem nächsten Spieler. Er selbst stellt sich dann an das Ende der Reihe. Verliert er den Luftballon oder wirft er Kegel um, muss er noch einmal beginnen. Die Mannschaft, welche zuerst wieder in Ausgangsposition steht, ist Sieger *(vgl. Bucher, 1989, S. 135)*.

252) Führerschein für das Rollbrett

Alter der Mitspieler:	ab 10 Jahren	**Spieldauer:**	ca. 15 Minuten
Anzahl der Mitspieler:	ca. 5 Spieler in einer Runde	**Material:**	ein Rollbrett und ein Führerscheinformular für jeden Spieler, ■ **Station 1:** ein Reifen mit Tastsäckchen in der Mitte, ■ **Station 2:** nebeneinanderstehende Bänke, auf denen ein Matte liegt (Tunnel), ■ **Station 3:** ein zwischen zwei Sprossenwänden o. Ä. gespanntes Seil, ■ **Station 4:** ein Reifen, in den das jeweilige Tastsäckchen gelegt wird.

Die einzelnen Stationen werden mit weiten Abständen dazwischen aufgebaut und die „Führerscheinabsolventen" beginnen, kniend auf einem Rollbrett mit der „Prüfung".
An **Station 1** nimmt der jeweilige Fahrer ein Tastsäckchen auf und legt es auf sein Rollbrett. Damit fährt er weiter zur **Station 2**, bei der er sich geduckt durch den „Tunnel" (zwei nebeneinanderstehende Bänke) fortbewegt. Den Höhepunkt der Prüfung bildet die Fahrt an der Sprossenwand entlang (**Station 3**). Hier darf sich der Fahrer nur mit einer Hand an dem Seil entlang ziehen. Hat er dieses geschafft, fährt er zur letzten Station (**Station 4**) und wirft hier sein Tastsäckchen in den Reifen.
Nach bestandener Prüfung erhält er seinen Führerschein.

Anmerkung: Der eigentlichen Führerscheinprüfung gehen Übungsstunden an den einzelnen Stationen voraus, d. h. jede Station wird nacheinander eingeführt. Beherrschen die Kinder die Übungen an allen vier Stationen, erfolgt die Prüfung.

7.5 Märchen und Märchenspiele für Kinder mit geistiger Behinderung

Anmerkungen zum Erzählen von Märchen

Wenn Kindern mit geistiger Behinderung Märchen erzählt werden sollen, müssen einige Forderungen beachtet werden, damit das Märchen in seiner Ganzheit aufgenommen werden kann:

- Das Märchen sollte nur kurze Sätze mit einfachen Satzmustern enthalten.
- Die Wortwahl sollte dem Wortschatz der Zuhörer entsprechen, d. h., weniger gebräuchliche Begriffe sollten durch bekannte ersetzt werden.
- Wichtige Wörter, Sätze, Satzfolgen werden oft und betont wiederholt, sodass sie sich einprägen.
- Der Inhalt eines Märchens wird soweit gekürzt und von Nebenhandlungen befreit, dass die Haupthandlungsfolge für die Zuhörer nachvollziehbar bleibt.
- Alle Märcheninhalte werden in einfacher und verständlicher Sprache erzählt.
- Reime werden, soweit es geht, übernommen oder verkürzt der neuzeitlichen Sprache angepasst.
- Der Erzähler selbst trägt durch seinen bewussten Stimmeinsatz (langsames Erzählen, sinnvolles Schweigen an bestimmten Stellen usw.) entscheidend dazu bei, dass einzelne Handlungsfolgen und das Märchen in seiner Gesamtheit verstanden werden.

Anmerkungen zu Märchenspielen

Märcheninhalte können nach der Erzählung durch Bilder, die den Höhepunkt des Märchens veranschaulichen, vertieft werden. Auch sich anschließende Spiellieder, Lieder, Fingerspiele und kleine Rollenspiele eignen sich zur weiteren Auseinandersetzung mit dem entsprechenden Märchen *(vgl. Krenzer, 1977, S. 66–68)*.
Folgendes sollte beim Nachspielen von Märcheninhalten beachtet werden:

- Liegen bereits Lied- oder Spieltexte zu einem Märchen vor, werden diese so umgewandelt, dass sie den Fähigkeiten der mitspielenden Kinder (oder auch Erwachsenen) entsprechen.
- Werden Texte von der Spielleiterin selbst verfasst, werden diese aufgrund ihres nichtvorhandenen Bekanntheitsgrades in Sprache und Tonfolge noch einfacher gehalten.
- Es hat sich bewährt, bei Märchenspielen nur einzelne zentrale Szenen des Märchens nachzuspielen und alle weiteren Rahmenhandlungen auszusparen.
- Die Spielleiterin muss sich je nach Behinderungsgrad der einzelnen Mitspieler stärker in das Spielgeschehen einbringen als die weiteren Mitspieler. Dies sollte sie sich vor einem möglichen Märchenspiel bewusst machen. Sie fungiert häufig als Erzähler und muss zum Teil gleichzeitig eine tragende Rolle in dem Märchenspiel übernehmen, wenn sie z. B. Kindern oder Erwachsenen mit schweren Behinderungen ein Märchenspiel durchführt.
- Wird in Kostümen und mit Requisiten gespielt, ist zu beachten, dass nur die für das Spiel tatsächlich benötigten Utensilien zum Einsatz kommen, um die Mitspieler nicht zu überfordern *(vgl. Krenzer, 1981, S.141 f.)*.

253) „Dornröschen"

„Dornröschen wohnt in einem Schloss. Dornröschen ist eine Prinzessin. Im Schloss wohnt auch eine Frau, die zaubern kann. Sie wohnt in einem kleinen Zimmer. Das Zimmer ist oben im Turm. Niemand weiß, dass die Frau im Turmzimmer wohnt.

Einmal geht Dornröschen in den Turm. Da sitzt die alte Frau und näht. Dornröschen ruft: „Lass mich auch einmal nähen!"
Die alte Frau gibt ihm die Nadel. Pass auf, da sticht es sich in den Finger. Alles wird verzaubert.

Dornröschen schläft ein. Alle schlafen ein. Der König und die Königein. Der Koch und der Küchenjunge. Die Männer und die Frauen. Die Jungen und die Mädchen. Die Pferde, die Hunde und die Katzen. Sogar die Fliegen an der Wand.
Eine hohe Dornenhecke wächst um das Schloss herum. Sie wird höher und höher.
Sie verdeckt das ganze Schloss. Niemand kann hindurch.

Ein Jahr vergeht. Viele Jahre vergehen.
Einmal kommt ein Prinz. Da öffnet sich die Dornenhecke. Der Prinz geht hindurch.
Er findet das Schloss. Er findet das Turmzimmer. Er findet Dornröschen. Dornröschen schläft.
Da küsst der Prinz das schöne Dornröschen.
Dornröschen wacht auf.

Alle wachen auf. Der König und die Königin. Der Koch und der Küchenjunge. Die Männer und die Frauen. Die Jungen und die Mädchen. Die Pferde, die Hunde und die Katzen. Sogar die Fliegen an der Wand.
Der Prinz heiratet Dornröschen. Sie feiern ein großes Fest. Es ist nichts mehr verzaubert."
(Krenzer, 1977, S. 8)

254) Bildbetrachtung zum Märchen „Dornröschen"

Alter der Mitspieler: je nach Auffassungsgabe 5-12 Jahre
Anzahl der Mitspieler: 1-3

Mögliche Gesprächsimpulse:

- Wie heißt das Mädchen, das zu der alten Frau kommt?
- Was möchte das Mädchen von der alten Frau?
- Was passiert mit dem Mädchen in diesem Zimmer?
- Wer wohnt noch in diesem Schloss?
- Was geschieht mit diesen Leuten?
- Was wächst um das Schloss herum?
- Wer findet das Mädchen? Was passiert dann?

255) Spiellied: „Dornröschen"

Alter der Mitspieler: je nach Auffassungsgabe ab ca. 5 Jahren **Spieldauer:** ca. 5 Minuten
Anzahl der Mitspieler: 8-15 Spieler

In diesem Spiellied wird der Höhepunkt des Märchens dargestellt: Die Kindergruppe steht im Kreis zusammen und alle halten sich an den Händen. Dornröschen sitzt in der Mitte auf einem Stuhl und schläft. Der Prinz geht um den Kreis (Dornenhecke) herum. Die Kinder lassen sich los und singen gemeinsam mit der Spielleiterin:

1. Da öffnet sich die Hecke, die Hecke, die Hecke.
Da öffnet sich die Hecke und lässt den Prinz herein.

2. Der Prinz, der küsst das Mädchen, das Mädchen, das Mädchen.
Der Prinz, der küsst das Mädchen und tanzt mit ihr allein.

(Der Prinz gibt Dornröschen einen Handkuss, beide fassen sich an den Händen und tanzen im Kreis.)

3. Nun tanzen auch die and'ren, die and'ren, die and'ren.
Nun tanzen auch die and'ren und schlafen nicht mehr ein.

(Alle Kinder tanzen im Kreis, so wie sie möchten.)

Text: Andrea Wilmes, Musik: Andrea Wilmes und Birgit Copony

256) „Der Fischer und seine Frau"

Der Fischer und seine Frau leben zusammen in einer kleinen Hütte.
Zum Angeln geht der Fischer zum großen Wasser.

Einmal erwischt er einen großen Fisch.
Der Fisch ruft: „Lass mich leben. Ich will dir auch was Schönes dafür geben."
Der Fischer bekommt einen Schreck und wirft den Fisch gleich wieder weg.

Die Frau ist nicht zufrieden. Sie möchte ein großes Haus haben.
Der Fischer geht noch einmal zum großen Wasser.

Er erwischt wieder den großen Fisch.
Der Fischer sagt: „Meine Frau, die Ilsebill, will ein Haus, das ich nicht will."
Da sagt der Fisch: „Geh hin, sie sitzt schon darin."

Die Frau ist nicht zufrieden. Sie möchte ein großes Schloss haben.
Der Fischer geht noch einmal zum großen Wasser.

Er erwischt wieder den großen Fisch.
Der Fischer sagt: „Meine Frau, die Ilsebill, will ein Schloss, das ich nicht will."
Da sagt der Fisch: „Geh hin, sie sitzt schon darin."
Die Frau ist nicht zufrieden. Sie möchte Königin sein.
Der Fischer geht noch einmal zum großen Wasser.
Er erwischt wieder den großen Fisch.
Der Fischer sagt : „Meine Frau, die Ilsebill, will Königin sein, was ich nicht will"
Da sagt der Fisch: „Nun geh schon, sie sitzt auf dem Thron."

Die Frau ist nicht zufrieden. Sie möchte der liebe Gott sein.
Der Fischer geht noch einmal zum großen Wasser.

Er erwischt wieder den großen Fisch.
Der Fischer sagt: „Meine Frau, die Ilsebill, will der liebe Gott sein, was ich nicht will."
Da sagt der Fisch: „Das ist eine zu große Bitte. Sie sitzt wieder in der kleinen Hütte".

Der Fischer geht zurück – seine Frau sitzt wieder in der kleinen Hütte.

Quelle: überliefert

257) Bildbetrachtung zum Märchen „Der Fischer und seine Frau"

Alter der Mitspieler: je nach Auffassungsgabe 5-12 Jahre
Anzahl der Mitspieler: 1-3

Mögliche Gesprächsimpulse:

- Warum wirft der Fischer den Fisch zurück ins Meer?
- Was wünscht sich die Frau alles von dem Fisch?
- Warum sitzen der Fischer und seine Frau zum Schluss wieder in der kleinen Hütte?

Weiterhin bietet es sich insbesondere für erwachsene Menschen mit Behinderungen an, dieses Märchen zum Anlass für Gespräche über das eigene Konsumverhalten, Versprechungen der Werbung u. Ä. zu nehmen.

258) „Die goldene Gans"

Vater und Mutter haben drei Söhne. Der jüngste Sohn heißt Hans und wird „Dummkopf" genannt. Er wird von allen schlecht behandelt.

Einmal schickt der Vater den ältesten Sohn in den Wald. Er soll Holz hauen. Die Mutter gibt ihm Saft und Kuchen mit. Im Wald trifft der Sohn ein Männlein. Das hat Hunger und Durst. Es bittet um etwas Kuchen und Saft. Der Sohn gibt ihm nichts. Das Männlein ist wütend und wünscht, dass sich der Sohn mit der Axt verletzt. So passiert es auch, und der Sohn bringt kein Holz mit nach Hause.

Der Vater schickt den zweiten Sohn in den Wald. Auch er trifft das hungrige Männlein und gibt ihm nichts von dem Saft und dem Kuchen. Das Männchen ist wieder wütend und wünscht, dass sich auch dieser Sohn mit der Axt verletzt. So passiert es auch, und auch der zweite Sohn bringt kein Holz mit nach Hause.

Hans möchte im Wald Holz hauen. Die Mutter gibt ihm saures Bier und trockenes Brot mit.
Im Wald trifft der Sohn das Männlein. Das hat wieder Hunger und Durst. Der Sohn ist gar nicht dumm. Er teilt sein Essen mit dem Männlein. Dafür schenkt es ihm eine goldene Gans.

Dann geht Hans mit der goldenen Gans in ein Gasthaus. Hier will er übernachten. Die Töchter des Hausherren wollen der Gans eine goldene Feder stehlen. Dabei bleiben sie an der Gans kleben.
Hans zieht am nächsten Tag weiter mit der Gans und den Töchtern, die an dem Tier kleben.
Der Pfarrer will die Töchter losreißen. Da klebt auch der Pfarrer fest.
Ein Mann will dem Pfarrer helfen. Der Mann klebt auch fest.
Zwei Bauern wollen helfen. Auch die Bauern kleben fest.
Alle kleben fest.
Hans zieht weiter. Alle müssen ihm folgen, weil sie festgeklebt sind.
Hans kommt an ein großes Schloss. Hier wohnt die traurige Prinzessin. Sie kann nicht mehr lachen.
Sie sieht Hans mit den Leuten, die an der Gans kleben. Da kann sie wieder lachen.
Sie lacht und lacht und dann klebt keiner mehr fest.
Hans hat die Prinzessin zum Lachen gebracht. Das hat noch keiner geschafft. Er darf sie heiraten und mit ihr auf dem Schloss wohnen.

259) Bildbetrachtung zum Märchen „Die goldene Gans"

K

Alter der Mitspieler: je nach Auffassungsgabe 5-12 Jahre

Anzahl der Mitspieler: 1-3

Mögliche Gesprächsimpulse:

- Warum hat das Männlein im Wald Hans die goldene Gans geschenkt?
- Welche Leute kleben an Hans mit der goldenen Gans?
- Warum darf Hans die Prinzessin heiraten?

260) Spiellied: „Die goldene Gans"

Alter der Mitspieler: je nach Auffassungsgabe ab ca. 5 Jahren **Spieldauer:** ca. 5 Minuten
Anzahl der Mitspieler: 8-15 Spieler

In diesem Spiellied wird der Höhepunkt des Märchens dargestellt: Die Kindergruppe steht oder sitzt im Kreis zusammen. Die Spielleiterin wählt Kinder aus, die diese Märchenszene darstellen:

- Hans mit der Gans (Plüschtier oder eine aus Pappkarton gefertigte Gans)
- drei Töchter
- ein Pfarrer
- ein Mann
- zwei Bauern
- die traurige Prinzessin (kann eine Krone erhalten)

„Hans mit der Gans" geht im Kreis herum. Die Spielleiterin spricht den unten stehenden Text und gibt den Kindern an den entsprechenden Stellen ein Zeichen, damit sie gemeinsam mit ihr bestimmte Bewegungen ausführen oder eine Liedzeile singen:

Erzähler:
„Hans hat eine Gans bekommen, fast hätt´man sie ihm weggenommen."

Alle (halten die Hände vor das Gesicht):
„Oh!"

Erzähler (fordert mit Handzeichen die Töchter auf, Hans zu folgen):
„Drei Töchter versuchen der Gans Federn zu stehlen und „zack" bleiben sie kleben."

Alle singen:
„Das gab's noch nie im Leben, alle bleiben kleben am Hans mit der Gans."

Erzähler:
„Hans hat eine Gans bekommen, fast hätt´man sie ihm weggenommen."

Alle (halten die Hände vor das Gesicht):
„Oh!"

Erzähler (fordert mit Handzeichen den Pfarrer auf, den Töchtern und Hans zu folgen):
„Der Pfarrer will die Töchter losreißen und „zack" bleibt er an der letzten Tochter kleben."

Alle singen:
„Das gab's noch nie im Leben, alle bleiben kleben am Hans mit der Gans."

Erzähler:
„Hans hat eine Gans bekommen, fast hätt´man sie ihm weggenommen."

Alle (halten die Hände vor das Gesicht):
„Oh!"

Erzähler (fordert mit Handzeichen den Mann auf, dem Pfarrer, den Töchtern und Hans zu folgen):
„Ein Mann will dem Pfarrer helfen und „zack" bleibt er an ihm kleben."

Alle singen:
„Das gab's noch nie im Leben, alle bleiben kleben am Hans mit der Gans."

Erzähler:
„Hans hat eine Gans bekommen, fast hätt´man sie ihm weggenommen."

Alle (halten die Hände vor das Gesicht):
„Oh!"

Erzähler (fordert mit Handzeichen die zwei Bauern auf, dem Mann, dem Pfarrer, den Töchtern und Hans zu folgen):
„Die Bauern wollen helfen und „zack" bleiben auch sie kleben."

Alle singen:
„Das gab's noch nie im Leben, alle bleiben kleben am Hans mit der Gans."

Erzähler:
„Hans hat eine Gans bekommen, fast hätt´man sie ihm weggenommen."

Alle (halten die Hände vor das Gesicht):
„Oh!"

Erzähler:
„Die Leute gehen in der langen Reihe weiter und weiter und kommen an ein Schloss. Hier wohnt die traurige Prinzessin, die nicht lachen kann. Sie sieht die Leute und lacht und lacht (Erzähler fordert Prinzessin auf, zu lachen). **Da klebt keiner mehr und alle fallen um. Hans nimmt die Hände der Prinzessin und tanzt mit ihr. Die Töchter, der Pfarrer, der Mann und die Bauern klatschen dazu."**

Alle singen:
„Hochzeit wird es geben, keiner bleibt mehr kleben am Hans mit der Gans."

261) „Der Wolf und die sieben Geißlein"

Mutter Ziege geht aus dem Haus. Sie möchte Futter holen. Die kleinen Zicklein dürfen niemandem die Tür öffnen.
Der Wolf klopft an die Tür. Er sagt: „Liebe Kinder, eure Mutter ist zurück, öffnet die Tür." Die Zicklein antworten: „Du bist nicht unsere Mutter, du hast eine tiefe Stimme. Du bist der böse Wolf."
Der Wolf frisst ein Stück Kreide. Jetzt hat er eine hohe Stimme. Nun spricht er wie die Mutter. Er klopft wieder an die Tür und spricht: „Liebe Kinder eure Mutter ist zurück, öffnet die Tür." Die Zicklein antworten: „Zeig uns erst deine Pfote." Der Wolf legt die Pfote auf die Fensterbank. Sie ist schwarz. Die Zicklein sagen: „Du bist nicht unsere Mutter, unsere Mutter hat eine weiße Pfote. Du bist der böse Wolf."
Der Wolf geht zum Bäcker. Der streut ihm Mehl auf die Pfote. Jetzt hat er eine weiße Pfote. Die Zicklein lassen ihn ins Haus. Er will alle fressen. Die Zicklein verstecken sich schnell. Unter dem Tisch, hinter dem Vorhang, unter der Bettdecke, unter dem Küchenstuhl. Er findet sechs Zicklein und frisst sie. Das kleinste Zicklein hat er nicht entdeckt. Es sitzt in der großen Uhr. Dann ist er müde. Er legt sich auf die große Wiese und schläft.

Mutter Ziege kommt nach Hause. Sie sieht den Wolf. Sie findet das kleine Zicklein. Sie ist traurig. Sie nimmt eine große Schere und geht zu der Wiese. Sie schneidet damit dem Wolf den Bauch auf. Alle Zicklein springen heraus.
Dann nehmen die Ziegen große Steine und legen sie in den Bauch. Mutter Ziege näht den Bauch schnell wieder zu.
Der Wolf wacht auf. Er hat großen Durst. Er läuft zum Brunnen. Er fällt hinein und ist tot.
Die Ziegen freuen sich. Sie tanzen um den Brunnen und singen: „Der Wolf ist tot, der Wolf ist tot."

262) Bildbetrachtung zum Märchen „Der Wolf und die sieben Geißlein"

Alter der Mitspieler: je nach Auffassungsgabe 5-12 Jahre
Anzahl der Mitspieler: 1-3

Mögliche Gesprächsimpulse:

- Wo sind die anderen Zicklein?
- Was möchte Mutter Ziege mit der Schere machen?

263) Spiel: „Der Wolf kommt"

Alter der Mitspieler: je nach Auffassungsgabe ab ca. 3 Jahren **Spieldauer:** ca. 5 Minuten
Anzahl der Mitspieler: 8-15 Spieler

Die Kinder sitzen mit der Spielleiterin im Kreis oder Halbkreis. Die Spielleiterin wählt ein Kind aus, das den Wolf spielt. Dieses Kind verlässt den Raum. Drei bis sieben Kinder verstecken sich im Gruppenraum (je nach Auffassungsgabe und Behinderungsgrad) .
Haben die Kinder ein Versteck gefunden, ruft die Restgruppe laut: „Der Wolf kommt."
Der „Wolf" kommt herein und sucht alle „Zicklein". Das Kind, das zuletzt gefunden wurde darf nun den Wolf spielen.

264) „Schneewittchen"

„Die böse Königin fragt ihren Spiegel: „Spieglein, Spieglein an der Wand, wer ist die Schönste im ganzen Land?"
Der Spiegel sagt: „Schneewittchen ist viel schöner als du!"
Die böse Königin ärgert sich. Sie ruft einen Jäger. Der Jäger soll Schneewittchen töten. Die Königin will am allerschönsten sein.

Doch der Jäger lässt Schneewittchen davon laufen.
Schneewittchen läuft weit fort. Am Abend kommt es zu einem winzigkleinen Haus. Im Haus wohnen die sieben Zwerge.
Sie freuen sich. Sie sagen: „Du kannst bei uns bleiben!"
Jeden Tag gehen die Zwerge zur Arbeit. Schneewittchen kocht das Essen. Es räumt das Haus auf. Alles ist gut.

Aber der Spiegel sagt: „Schneewittchen ist nicht tot! Schneewittchen ist viel schöner als die Königin!"
Die böse Königin ärgert sich noch mehr. Sie zieht alte Kleider an. Sie verkleidet sich. Sie kommt mit einem Kamm. Der Kamm ist vergiftet. Die Königin sagt zu Schneewittchen: „Ich will dein schönes Haar kämmen!" Sie stößt dem Mädchen den Kamm in den Kopf. Schneewittchen fällt um. Die Königin rennt fort.

Am Abend kommen die Zwerge nach Hause. Ein Zwerg findet den Kamm im Haar. Er zieht ihn heraus. Da lebt Schneewittchen wieder. Alles ist gut.

Aber der Spiegel sagt: „Schneewittchen ist nicht tot! Schneewittchen ist viel schöner als die Königin!"
Da kommt die böse Königin wieder. Sie schenkt Schneewittchen einen Apfel.
Der Apfel ist vergiftet.
Schneewittchen beißt in den vergifteten Apfel. Schneewittchen fällt um.
Die Königin rennt fort.

Am Abend kommen die Zwerge nach Hause. Sie können nicht helfen. Sie legen Schneewittchen in einen Sarg aus Glas. Sie weinen.

Da kommt ein Prinz. Er will Schneewittchen mitnehmen. Der Prinz und seine Männer heben den Sarg hoch. Einer stolpert. Da fällt der vergiftete Apfel aus dem Mund. Schneewittchen erwacht. Es lebt wieder.

Da heiratet der Prinz das Schneewittchen. Sie feiern ein großes Fest. Die sieben Zwerge kommen auch dazu. Die böse Königin wird bestraft. Alles ist wieder gut.

(Krenzer, 1977, S. 12)

265) Bildbetrachtung zum Märchen „Schneewittchen"

Alter der Mitspieler: je nach Auffassungsgabe 5-12 Jahre
Anzahl der Mitspieler: 1-3

Mögliche Gesprächsimpulse:

- Wie heißt das Mädchen?
- Was macht das Mädchen, wenn die sieben Zwerge arbeiten gehen?
- Wer will das Mädchen töten?
- Was passiert, wenn das Mädchen in den vergifteten Apfel beißt?
- Wer rettet das Mädchen? Was passiert dann?

266) Spiel: „Zwerge kommt herbei"

Alter der Mitspieler: je nach Auffassungsgabe ab ca. 5 Jahren **Spieldauer:** ca. 5 Minuten
Anzahl der Mitspieler: 8-15 Spieler

Die Kinder stehen oder sitzen mit der Spielleiterin im Kreis.
Die Spielleiterin wählt ein Kind aus, das sich in die Mitte des Kreises auf einen Stuhl setzt. Dieses Kind ist das Schneewittchen. Außerdem wählt sie ein Kind aus, das einen Zwerg spielt.
Schneewittchen ruft: „Zwerge, kommt herbei!"
Der gewählte Zwerg geht zu Schneewittchen.
Die Spielleiterin sagt: „Schneewittchen, da ist der erste Zwerg. Er holt die anderen Zwerge."
Der Zwerg geht auf einen weiteren Mitspieler zu, zieht ihn hinter sich her und geht mit ihm zu Schneewittchen.
Die Spielleiterin sagt: „Schneewittchen, da ist der erste und da der zweite Zwerg. Sie holen die anderen Zwerge."
Die Zwerge gehen an den Händen gefasst zu einem weiteren Mitspieler, ziehen ihn hinter sich her und gehen gemeinsam zu Schneewittchen.
So geht das Spiel weiter, bis alle sieben Zwerge vor Schneewittchen stehen. Sie bilden einen Kreis und tanzen um Schneewittchen herum.
Dann ruft Schneewittchen: „Zwerge lauft weg!"
Jetzt muss jeder Zwerg so schnell wie möglich wieder zurück zu seinem Platz *(vgl., Krenzer, 1977, S. 70)*.

267) „Hänsel und Gretel“

Die Eltern bringen Hänsel und Gretel in den Wald.
Hänsel und Gretel verlaufen sich. Sie sind hungrig und frieren.
Sie kommen an ein Häuschen, an dem hängen viele süße Sachen zum Essen: Lebkuchen, Zuckerstangen, Bonbons und sogar Gummibärchen.
Hänsel und Gretel knuspern an den Süßigkeiten. Dann hören sie eine Stimme: „Knusper, knusper knäuschen, wer knuspert an meinem Häuschen?“
Hänsel und Gretel antworten: „Der Wind, der Wind, das himmlische Kind.“

Eine alte Frau kommt aus dem Haus. Sie sagt, die Kinder können bei ihr wohnen.
Sie ist am ersten Tag sehr freundlich.
Doch dann wird sie böse. Sie sperrt Hänsel in einen Stall und Gretel muss alle Hausarbeit machen.
Sie will Hänsel fressen. Sie ist eine böse Hexe.
Sie will ihn im Ofen braten. Gretel soll im Ofen Feuer anmachen. Gretel sagt: „Ich kann das nicht!“
Die Hexe kriecht selbst in den Ofen. Gretel stößt die Hexe in den Ofen hinein. Die Hexe muss verbrennen.
Gretel befreit Hänsel.
Die Kinder holen Gold und Edelsteine aus dem Hexenhaus und laufen damit durch den Wald, bis sie endlich wieder zu Hause sind.

268) Bildbetrachtung zum Märchen „Hänsel und Gretel“

Alter der Mitspieler: je nach Auffassungsgabe 5-12 Jahre
Anzahl der Mitspieler: 1-3

Mögliche Gesprächsimpulse:

- Wie heißen die Kinder?
- Was gibt es an dem Häuschen?
- Wer ist die alte Frau?
- Was will die alte Frau von den Kindern?
- Was passiert mit der Frau?
- Womit gehen die Kinder zurück nach Hause?

269) Spiellied: „Hänsel und Gretel“

Alter der Mitspieler: je nach Auffassungsgabe ab ca. 5 Jahren **Spieldauer:** ca. 5 Minuten
Anzahl der Mitspieler: 8-15 Spieler

1. Hänsel und Gretel verirrten sich im Wald.
   Es war so finster und auch so bitter kalt.
   Sie kamen an ein Häuschen von Pfefferkuchen fein.
   Wer mag der Herr wohl von diesem Häuschen sein?

2. Hu, hu! Da schaut eine alte Hexe heraus.
   Sie lockt die Kinder ins Pfefferkuchenhaus.
   Sie stellte sich gar freundlich.
   O Hänsel, welche Not!
   Sie will dich braten,
   im Ofen braun wie Brot.

3. Doch, als die Hexe zum Ofen schaut herein,
   ward sie gestoßen von Hans und Gretelein.
   Die Hexe musste braten,
   die Kinder gehn nach Haus.
   Nun ist das Märchen
   von Hans und Gretel aus.

Ein großer Kreis stellt das Hexenhaus dar, ein kleiner enger Kreis den Backofen. Die Hexe lauert in der Mitte. Hänsel und Gretel kommen von außen heran. Nun läuft die Handlung textgemäß ab.

Text und Melodie aus: Klein, Richard,Rudolf, Willkommen, lieber Tag, Bd. I, 12. Aufl., Diesterweg Verlag, Frankfurt am Main, Berlin, München,, S. 129

270) „Aschenputtel"

Die neue Frau des Vaters lässt Aschenputtel alle Hausarbeit machen. Die bösen Schwestern müssen gar nichts tun. Sie lachen Aschenputtel aus.

Einmal gibt der Prinz ein Fest. Alle Mädchen sind eingeladen. Er möchte sich eine Frau aussuchen.
Aschenputtel möchte auch zu dem Fest gehen.
Die böse Stiefmutter sagt: „Erst musst du alle guten Erbsen aus der Asche suchen und die schlechten wegwerfen."
Sie schüttet einen Eimer voll Erbsen in die Asche. Die Tauben helfen Aschenputtel. Nun ist sie fertig und möchte zum Fest gehen. Die böse Stiefmutter verbietet es noch immer.
Aschenputtel wartet, bis alle gegangen sind.

Sie läuft zum Nussbaum und ruft: „Bäumchen rüttel dich, Bäumchen schüttel dich, wirf Gold und Silber über mich."
Schon hat Aschenputtel ein goldnes Kleid und goldene Schuhe.

Sie sieht schön aus und geht zum Fest. Niemand kann sie erkennen. Der Prinz tanzt den ganzen Abend nur mit ihr. Er möchte Aschenputtel festhalten. Sie läuft weg. Dabei verliert sie ihren Schuh.

Zuhause zieht sie wieder die schmutzigen Kleider an und legt sich in die Asche.

Der Prinz sucht das Mädchen, dem der Schuh gehört.
Alle schönen Mädchen probieren den Schuh an. Er passt nicht.
Auch die Schwestern ziehen den Schuh an. Der einen ist er zu klein, der anderen zu groß.
Da entdeckt der Prinz Aschenputtel.
Sie soll den Schuh anziehen. Er passt. Der Prinz erkennt das schöne Mädchen.
Der Prinz und Aschenputtel heiraten.

271) Bildbetrachtung zum Märchen „Aschenputtel"

Alter der Mitspieler: je nach Auffassungsgabe 5-12 Jahre
Anzahl der Mitspieler: 1-3

Mögliche Gesprächsimpulse:
- Wer ist dieses Mädchen?
- Was wollen die Tauben bei dem Mädchen?
- Woher bekommt das Mädchen ein schönes goldenes Kleid?
- Warum heiratet der Prinz das Mädchen?

272) Spiel: „Wem passt der Schuh?"

Alter der Mitspieler: je nach Auffassungsgabe ab ca. 5 Jahren **Spieldauer:** ca. 5 Minuten
Anzahl der Mitspieler: 8-15 Spieler

Die Kinder sitzen mit der Spielleiterin im Kreis. Ein Kind (Prinz) geht nach draußen. Die Spielleiterin fordert die restlichen Kinder auf, den rechten oder den linken Schuh auszuziehen und in die Mitte zu legen. Dann legt sie eine Decke über die ausgezogenen Schuhe.
Der „Prinz" kommt in den Gruppenraum und zieht einen Schuh unter der Decke hervor. Er versucht herauszufinden, wem der Schuh gehört.
Hat er sein „Aschenputtel" gefunden, fassen sich beide an den Händen tanzen und singen:

I: Hei, hopsasa, hei hopsasa – jetzt hab' ich beide Schuh – hei hopsasa, hei hopsasa, hei hopsasasasa:I (Melodie des Refrains des Spielliedes „Ich bin die kleine Hexe")

273) „Märchenlotto" (zum Selbermachen)

Alter der Mitspieler: ab 4 Jahren
Anzahl der Mitspieler: 1-4 Spieler
Voraussetzung: Bilder erkennen können
Spieldauer: ca. 5 Minuten
Material: je nach geistiger Aufnahmefähigkeit sechs bis zwölf Märchenbilder auf einer DIN A 4 Karte, wobei jeweils drei Kärtchen zu einem Märchen gehören, alle Motive der DIN A 4 Karte als Einzelkärtchen (siehe Vorlage 17, CD)

Die Einzelkärtchen liegen in der Mitte. Der oder die Spieler erhalten jeweils eine DIN A 4 Karte mit den abgebildeten Märchenszenen. Reihum wird versucht, die Einzelkärtchen den entsprechenden Märchen auf der Karte zuzuordnen.

7.6 Darstellendes Spiel für Menschen mit Behinderungen

Das Einüben eines zusammenhängenden Stücks im Bereich des „darstellenden Spiels" mit anschließender Aufführung vor einem Publikum bereitet vielen Menschen mit Behinderungen große Freude.
Konkret werden hierbei folgende Ziele erreicht:

- sich in eine Rolle hineinversetzen und sie darstellen können,
- Bewegungsabläufe nachahmen und neue erfinden,
- Bewegung in Beziehung setzen zu z. B. Objekten, Partnern und Musik,
- das Einüben eines Stückes als gemeinsame Gruppenaufgabe erkennen, die nur durch den Einsatz aller sinnvoll erscheint,
- das Akzeptieren unterschiedlicher Rollenverteilungen aufgrund der verschiedenen Fähigkeiten,
- jede Rolle als wichtig anerkennen,
- etwas der Öffentlichkeit vorstellen können,
- und anderes mehr.

Als Vorlage für ein Stück bieten sich alltägliche Erlebnisse, Märcheninhalte, kleine Geschichten oder Szenen aus Büchern, Werbung aus dem Fernsehen oder andere kurze Einblendungen im Magazincharakter an. Ebenso können eigene kleine Stücke geschrieben werden oder es wird auf Textvorlagen erfahrener Fachleute zurückgegriffen, die sich in der Arbeit in Einrichtungen für Menschen mit Behinderungen bewährt haben (siehe hierzu die folgenden Beispiele).

Die Spielleiter müssen jedoch fertige Stücke sorgfältig prüfen, um feststellen zu können, ob sie sich in der vorgeschlagenen Form für die Gruppe eignen oder entsprechend der Interessen, Fähigkeiten und Schwächen in den verschiedenen Passagen verändert werden müssen. Auch von den Spielern gewünschte neue Dialoge u. Ä. müssen unbedingt eingebracht werden, damit sie das Stück auch als „ihr eigenes Spiel" anerkennen können.

Folgende Hinweise sollten ebenfalls beachtet werden, damit das Interesse an den Proben für ein Bühnenstück geweckt und bis zur Aufführung bleiben kann:

Hinweise zur Aufführung eines Bühnenstücks

1. **Es werden mehrere Betreuer für die Gruppe benötigt, um einzelnen Mitspielern im Notfall helfen zu können, die aufgrund ihrer Behinderung in bestimmten Phasen überfordert sind!**

2. **Es bedarf der vorherigen Beobachtung der einzelnen Gruppenmitglieder, damit sie eine Rolle oder Aufgabe entsprechend der vorhandenen Fähigkeiten und Fertigkeiten erhalten (z. B. Haupt- oder Nebenrolle, Beleuchtung, Anfertigung von Requisiten, Kulissen usw.)!**

3. **Es muss frühzeitig mit termingebundenen Stücken begonnen werden, da die Proben meist sehr viel länger dauern als bei Menschen ohne Behinderungen!**

4. **Es ist günstiger, ein Stück auszuwählen, bei dem wenig oder gar nicht gesprochen wird, weil das Sprechen den meisten Menschen mit Behinderungen schwer fällt. Aus diesem Grunde kann z. B. auch ein Mitarbeiter als Sprecher oder Erzähler vor der Bühne die Handlung kommentieren oder die Geschichte erzählen!**

5. **Inhalte des Stückes sollten nur im Groben feststehen, da sich während der Proben die Geschichte meist weiterentwickelt oder verändert!** *(vgl. Wehnert, 2003, S. 29 f.)*

274) Eine Spukgeschichte

Spieldauer: ca. 10 Minuten
Anzahl der Mitspieler: 7 Spieler

Inhalt:
Nach seinem langen Weg durch einen dunklen Wald erreicht ein Mann hungrig und durstig einen Gasthof. Er setzt sich an einen freien Tisch, und der Wirt nimmt seine Bestellung auf. Er bringt ihm einen Krug mit Bier und etwas zu essen. Plötzlich schlägt es zwölf Uhr Mitternacht – die Geisterstunde beginnt.
Die Zeiger der Uhr beginnen sich schnell zu drehen, Wölfe heulen auf, und in der Ferne hört man schaurige Musik.
Gespenster erscheinen, rasseln mit ihren schweren Ketten, tanzen durch die Nacht und verschwinden wieder. Überall sieht man Katzenaugen, und eklige Spinnen kriechen an der Wand entlang. Der Wirt selbst reißt sich seinen Kopf von den Schultern, klemmt ihn unter einen Arm und marschiert damit durch den Raum.
Der Mann zittert am ganzen Körper und möchte etwas trinken, um sich zu beruhigen. Doch der Bierkrug erhebt sich und schwebt auf den Gast zu. Er landet auf dem Kopf des Mannes. Der Gast erhebt sich und möchte mehrmals nach dem Krug greifen, aber er schwebt ihm jedes Mal davon. Erschöpft sinkt er wieder auf den Stuhl und legt müde seinen Kopf auf den Tisch. Doch auch der Tisch lässt ihn nicht zur Ruhe kommen. Er rückt wie von Geisterhand bewegt immer mehr von dem Mann weg. Der Mann zittert wieder. Da schlägt es ein Uhr – und der ganze Spuk ist fast vorbei. Nur noch ein paar Kissen kommen angeschwebt, legen sich vor den Mann, der sich auf das weiche Bett fallen lässt und ganz erschöpft und müde einschläft.

Mögliche Spielform:
Schwarzlichttheater

***Bühnenbild** (vom Zuschauer aus gesehen):*
Ganz links auf der Bühne steht ein weißer Stuhl, daneben ein weißer Tisch, im Hintergrund ist die Uhr zu sehen.

Kostüme der Spieler:
Gast: Weiße Kleidung und das Gesicht mit weißer Theaterschminke geschminkt
Wirt: Der Kopf ist mit einer schwarzen Kapuze bedeckt, vor sein Gesicht wird eine weiße Maske gebunden, ansonsten ist auch er weiß gekleidet.
Gespenster: Die Spieler tragen weiße Bettlaken mit Löchern als Seeschlitze.

Requisiten:
- Stuhl und Tisch sind weiß beklebt oder angestrichen.
- Das Tablett ist weiß oder neonfarbig, der Bierkrug und der Essteller bestehen aus weißer Pappe, an der jeweiligen Rückseite werden schwarze Haltegriffe befestigt.
- Die Uhr besteht aus schwarzer Pappe, Zeiger und Rahmen sind neonfarbig oder weiß angestrichen. Der Zeiger wird mithilfe eines Nagels und einem Stück Holz drehbar gemacht.
- Bettlaken mit Sehschlitzen und rasselnde Ketten.
- Neonfarbige Katzenaugen werden an schwarzen Halterungen befestigt (z. B. ein schwarzes Holzstäbchen mit einem oder mehreren Querbalken).
- Weiße Handschuhe zum Darstellen der Spinnen.
- Mehrere weiße Kissen.

Anmerkung:
Alle Kostüme und Requisiten sind vor dem Spieleinsatz auf ihre fluoreszierende Wirkung im Schwarzlicht zu überprüfen!

Spielablauf

Aktion	Requisiten	Regieanweisung/Gestaltung
Der Mann **(Spieler 1)** geht von rechts nach links mit schwerem Schritt über die Bühne, sein Gesicht ist den Zuschauern zugewandt. Er lässt sich erschöpft auf dem Stuhl nieder und winkt nach dem Wirt.	weiße Kleidung: Hose, Socken Hemd, evtl. Hut, Maske	Musikeinspielung zur Bewegung des Mannes,(z. B. Vaughan Williams, Fantasia on „Greensleeves")
Der Wirt **(Spieler 2)** erscheint von hinten kommend auf der Bühne und nimmt die Bestellung entgegen.	Kleidung wie oben beschrieben, zusätzlich trägt der Wirt unter der Maske eine schwarze Kapuze	
Der Wirt bringt ein Tablett mit Bierkrug und Teller und stellt alles auf dem Tisch ab.	Tablett mit Bierkrug und Teller	
Die Uhr schlägt zwölf.	Gong	**Spieler 3** schlägt den Gong zwölf mal.
Die Uhr „dreht durch".		**Spieler 3** dreht an den Zeigern. **Spieler 4 und 5** heulen wie Wölfe und stellen schaurige Musik an (z. B. Musik aus „Harry Potter").
Gespenster erscheinen, rasseln mit Ketten und tanzen zu der schaurigen Musik.	Bettlaken, Ketten, unter den Bettlaken sind die Spieler schwarz gekleidet	**Spieler 4 und 5** tanzen als Gespenster und rasseln mit Ketten.
Es erscheinen Katzenaugen und eklige Spinnen.	schwarze Kleidung für die Spieler und schwarze Kapuzen, Vorrichtungen mit Katzenaugen für Spieler 3, weiße Handschuhe für Spieler 6 und 7	**Spieler 3** bewegt Vorrichtungen mit den Katzenaugen hin und her. **Spieler 6 und 7** stellen mit den Händen Spinnen dar, die an der Wand entlang kriechen.
Der Wirt reißt sich den Kopf von den Schultern, ergreift ihn und steckt ihn unter den Arm.		**Spieler 2** marschiert, dem Publikum zugewandt, mit der Maske unter dem Arm die Bühne entlang.
Bierkrug und Teller erheben sich und schweben auf den Gast zu.		**Spieler 4 und 5** führen Krug und Teller am Griff auf den Gast zu, stellen beides auf seinem Kopf ab, **Spieler 1** erhebt sich mehrmals und versucht Krug und Teller zu ergreifen, sinkt dann erschöpft auf den Stuhl nieder und legt den Kopf auf den Tisch, **Spieler 6 und 7** ziehen Tisch nach rechts (vom Publikum aus gesehen).
Die Uhr schlägt eins.	Gong, Kissen	**Spieler 3** schlägt den Gong ein Mal, **Spieler 4 und 5** lassen Kissen von oben nach unten schweben, **Spieler 6 und 7** entfernen Tisch und Tablett mit Bierkrug und Teller.
Der Gast lässt sich auf die Kissen sinken und schläft.		Musikeinspielung (z. B.: Robert Schumann, Träumerei)
	Ende	*(vgl. Kersten, Ralph, 1996, S. 74 ff.)*

275) Dornröschen

Spieldauer: ca. 15-35 Minuten
Anzahl der Mitspieler: 10-13

Inhalt:
Die schöne Prinzessin „Dornröschen" sticht sich an ihrem 15. Geburtstag mit einer Spindel/Nadel in den Finger und verfällt in einen hundertjährigen Schlaf. Nach 100 Jahren wird sie durch den Kuss eines Prinzen, der sich mutig durch eine Dornenhecke zu ihr vorgekämpft hat, gerettet und heiratet diesen *(siehe Märchen der Gebrüder Grimm, Droemersche Verlagsanstalt Th. Knaur, München 1999, S. 154 ff. oder verkürzte Form auf S. 132 dieses Buches)*

Mögliche Spielformen:
a) darstellendes Spiel mit Erzähler
b) Menschenschattenspiel mit Erzähler

Mitspieler:
- Dornröschen
- Prinz
- Böse Fee
- König
- Königin
- Die „zwölfte Fee"
- Statisten: weitere Feen
- Koch
- Küchenjunge

***Bühnenbilder** (farbige Folien):*
- Alle Bühnenbilder wie Festsaal im Schloss, Turmzimmer, Dornenhecke können als Kopien auf den OHP gelegt werden (z. B. indem entsprechende Vorlagen in Büchern eingescannt und als Farbkopie ausgedruckt werden).

Kostüme:
- Dornröschen = Krone aus Pappe und langes Kleid,
- Prinz = Krone aus Pappe, eventuell Umhang,
- Böse Fee = aus Pappe angefertigter Hut einer Fee, langes Kleid,
- König = Krone aus Pappe, eventuell Umhang,
- Königin = Krone aus Pappe und langes Kleid,
- Die „zwölfte Fee"= aus Pappe angefertigter Hut einer Fee, langes Kleid,
- Statisten: weitere Feen = aus Pappe angefertigte Feenhüte, lange Kleider,
- Koch = Kochmütze,
- Küchenjunge = Kochmütze.

Weitere Requisiten:
- Ein aus Pappe angefertigtes großes Kleeblatt,
- ein aus Pappe und gelber Folie angefertigter Spiegel,
- ein aus Pappe angefertigter großer Euro.

Praktische Vorbereitung:
- Kostüme basteln,
- Folien bemalen oder kopieren.

Anmerkung:
Die Spielleiterin sollte die Rolle des Erzählers übernehmen.

Spielablauf (längere Version für eine Gruppe Erwachsener mit leichter geistiger Behinderung)

Szenen/Licht/Musik	Requisiten/Darsteller
Szene 1 Vor Zeiten waren ein König und eine Königin, die sprachen jeden Tag: „Ach, wenn wir doch ein Kind hätten!" Das geschah dann auch, und die Königin bekam ein Mädchen, das war so schön, dass der König vor Freude ein großes Fest veranlasste, zu dem er auch die dreizehn weisen Feen seines Reiches einlud. Es waren ihrer dreizehn in seinem Reiche, weil er aber nur zwölf goldene Teller hatte, von welchen sie essen sollten, so musste eine von ihnen daheim bleiben. *Licht aus/festliche Musik zum Szenenumbau (z. B. Antonio Vivaldi Der Frühling, Allegro (vier Jahreszeiten)*	*Folie Schloss*/König und Königin stehen im Vordergrund
Szene 2 Das Fest ward mit aller Pracht gefeiert, und als es zu Ende war, beschenkten die weisen Feen das Kind mit ihren Wundergaben: die eine mit Glück, die andere mit Schönheit und wieder eine andere mit Reichtum.	*Folie: Festsaal*/die Königin sitzt mit einer Babypuppe auf dem Arm auf einem Stuhl, drei Feen kommen nacheinander: - die erste übergibt langsam ein großes Kleeblatt, - die zweite einen Spiegel, - die dritte einen großen Euro. Böse Fee erscheint.
Als elf Feen ihre Wünsche überbracht hatten, trat plötzlich die dreizehnte herein. Sie wollte sich dafür rächen, dass sie nicht eingeladen war und rief mit lauter Stimme: „Die Königstochter soll sich in ihrem fünfzehnten Jahr an einer Nadel stechen und tot hinfallen." *Musikeinspielung: z. B. Pe Werner: „Hexenschuss"*	
Und ohne ein Wort weiter zu sprechen, kehrte sie sich um und verließ den Saal. Alle waren erschrocken. Da trat die zwölfte hervor, die ihren Wunsch noch übrig hatte, und weil sie den bösen Spruch nicht aufheben, sondern ihn nur mildern konnte, so sagte sie: „Es soll aber kein Tod sein, sondern ein hundertjähriger tiefer Schlaf, in welchen die Königstochter fällt." *Licht aus, Zwischenmusik zum Szenenwechsel, z. B. Yann Tiersen „Les jours tristes" („die fabelhafte Welt der Amelie")*	- Die zwölfte Fee zeigt mit Handbewegungen, dass sie den bösen Spruch mildern möchte.
Szene 3 An dem Mädchen erfüllten sich alle Wünsche der weisen Feen, denn es war so schön, dass es jedermann, der es ansah, liebhaben musste. *Musikeinspielung, z. B. Tom Jones „Sexbomb", dann Licht aus (Musik läuft weiter für den Szenenwechsel)*	- *Folie „Festsaal"*, Dornröschen steht im Vordergrund.
Szene 4 Es geschah, dass an dem Tage, als Dornröschen gerade fünfzehn Jahr alt ward, der König und die Königin nicht zu Haus waren und das Mädchen ganz allein im Schloss zurückblieb. Da gelangte es zu einem kleinen Zimmer im alten Turm.	- *Folie: „Turmzimmer"*, Die böse Fee sitzt auf einem Stuhl und näht, Dornröschen kommt auf sie zu.

… und da saß eine alte Frau mit einer Nadel und stickte. „Guten Tag, du Mütterchen", sprach die Königstochter, „was machst du da?" – „Ich nähe", sagte die Alte.
„Darf ich das auch einmal versuchen?" fragte das Mädchen und die Alte nickte mit dem Kopf. Kaum hatte Dornröschen aber die Nadel angerührt, so ging der Zauberspruch in Erfüllung, und sie stach sich damit in den Finger.
In dem Augenblick aber, wo sie den Stich empfand, fiel sie auf das Bett nieder, das da stand, und lag in einem tiefen Schlaf.

Musikeinspielung: z. B. Rosenstolz „Die Schlampen sind müde", dann Licht aus für den Szenenwechsel

Szene 5
Und dieser Schlaf verbreitete sich über das ganze Schloss, der König und die Königin, die eben heimgekommen waren und in den Saal getreten waren, fingen an einzuschlafen und der ganze Hofstaat mit ihnen.
Der Koch, der dem Küchenjungen, weil er etwas falsch gemacht hatte, an den Haaren ziehen wollte, ließ ihn los und schlief. Und der Wind legte sich, und auf den Bäumen vor dem Schloss regte sich kein Blättchen mehr.

Folie „Schloss",
- König und Königin gehen von rechts nach links (vom Publikum aus gesehen) und legen den Kopf zur Seite.
- Koch und Küchenjunge stehen voreinander, der Koch hat die Hand zur Ohrfeige ausgestreckt, dann legen sie beide den Kopf zur Seite und schlafen ein.

Licht aus, Musikeinspielung (z. B. Yann Tiersen „Le moulin" („die fabelhafte Welt der Amelie")

Szene 6
Rings um das Schloss aber begann eine Dornenhecke zu wachsen, die jedes Jahr höher wurde und endlich um das ganze Schloss wuchs, sodass gar nichts mehr davon zu sehen war, selbst nicht die Fahne auf dem Dach.

Folie: „Dornenhecke"

Es ging aber die Sage in dem Land von dem schönen schlafenden Dornröschen. Von Zeit zu Zeit kamen Königssöhne und versuchten, durch die Hecke in das Schloss einzudringen. Es war ihnen aber nicht möglich; denn die Dornen hielten fest zusammen, und die Jünglinge blieben darin hängen, konnten sich nicht wieder losmachen und starben eines jämmerlichen Todes.

Licht aus, Musikeinspielung (z. B. Yann Tiersen „Le moulin" („die fabelhafte Welt der Amelie")

Szene 7
Nach langen, langen Jahren kam wieder einmal ein Königssohn in das Land und hörte, wie ein alter Mann von der Dornhecke erzählte, es sollte ein Schloss dahinter stehen, in welchem eine wunderschöne Königstochter, Dornröschen genannt, schon seit hundert Jahren schliefe, und mit ihr schliefe der König und die Königin und der ganze Hofstaat. Er wusste auch von seinem Großvater, dass schon viele Königssöhne gekommen wären und versucht hätten, durch die Dornenhecke zu dringen, aber sie wären darin hängen geblieben und gestorben. Da sprach der Jüngling: „Ich fürchte mich nicht, ich will hinaus und Dornröschen sehen." Und der gute Alte konnte sagen, was er wollte, er hörte nicht auf seine Worte.

Folie: „Dornenhecke",
Prinz steht im Vordergrund

Licht wird kurz ausgeschaltet, um eine zweite Folie mit bunten Blumen zu nehmen, die von oben langsam gegen die Folie „Dornenhecke" ausgetauscht wird, Licht wird dann wieder angeschaltet.	
Nun waren aber gerade die hundert Jahre verflossen, und der Tag war gekommen, wo Dornröschen wieder erwachen sollte. Als der Königssohn sich der Dornenhecke näherte, waren es lauter große, schöne Blumen, die taten sich von selbst auseinander und ließen ihn unbeschädigt hindurch und hinter ihm taten sie sich wieder als eine Hecke zusammen.	Prinz steht im Vordergrund, auf OHP wird Folie „Dornenhecke" gegen Folie „Blumen" ausgetauscht.
Musikeinspielung während des Wechsels (z. B. „I will survive"/Hermes House Band), Licht wird für Szenenwechsel ausgeschaltet, Musik läuft weiter	
Szene 8 Im Schlosshof sah er den Koch, der hielt noch die Hand, als wollte er den Jungen anpacken und oben bei dem Throne lagen der König und die Königin und schliefen.	*Folie: „Schloss"* „Standbild": schlafende Königin und schlafender König, schlafender Koch mit ausgestreckter Hand und schlafender Küchenjunge, der Prinz geht an allen vorbei
Licht aus, Musikeinspielung (z. B. Yann Tiersen „Le moulin" („die fabelhafte Welt der Amelie")	
Szene 9 Da ging er noch weiter und endlich kam er zu dem Turm, in welchem Dornröschen schlief. Da lag es und es war so schön, dass er die Augen nicht abwenden konnte, und er bückte sich und gab ihm einen Kuss. Wie er es mit dem Kuss berührt hatte, schlug Dornröschen die Augen auf, erwachte und blickte ihn ganz freundlich an.	*Folie: „Turmzimmer"* Dornröschen liegt schlafend im Vordergrund auf einer Liege, Prinz kommt auf sie zu und gibt ihr einen Handkuss
Musikeinspielung (z. B. „Willst du mit mir geh'n"/Nena), dann wird das Licht ausgeschaltet während die Musik weiter läuft.	
Abschlussszene: Da gingen sie zusammen hinab, und alle erwachten wieder: der König, die Königin, der Küchenjunge und der Koch Und da wurde die Hochzeit des Königssohns mit dem Dornröschen in aller Pracht gefeiert, und sie lebten vergnügt bis an ihr Ende.	Dornröschen und Prinz gehen an König, Königin, Koch und dem Küchenjungen vorbei, dann bilden alle eine lange Reihe, die langsam tanzend die Bühne verlässt (eventuell mit Musikeinspielung/z. B. „Ganz in Weiß"/Roy Black)

Literaturverzeichnis

A

Arndt, Marga/Singer, Waltraud (Hrsg.): Das ist der Daumen Knudeldick. Fingerspiele und Rätsel, Ravensburg, Otto Maier, 1980.

B

Baer, Heide u. a.: Das große Ostereier-Buch. Vielseitige Ideen rund ums Ei, Stuttgart, Frechverlag, 2005.

Baer, Ulrich u. a.: Remscheider Spielkartei. 24 thematische Spielketten mit über 200 Spielen zum sozialen Lernen, 3. Auflage, Münster Ökotopia ,1997.

Baer, Ulrich: 666 Spiele für jede Gruppe für alle Situationen, 3. Auflage, Seelze Kallmeyer, 1995.

Bartl, Almuth: Mein Kind ist krank. Spiel- und Basteltipps zum Gesundwerden, Ravensburg, Otto Maier, 1992 .

Beermann, Marliesn/Bort-Gsella, Wolfgang: Mini Spielkartei. Eine Spielkartei für Kinder von 2 – 6 Jahren und die dazugehörigen Erwachsenen, Münster, Ökotopia, 1996.

Breucker, Annette: Ferien, Freiheit, Abenteuer. Handbuch für Ferienfreizeiten, Münster, Ökotopia, 1992

Breucker, Annette: Wenn das Bärchen Bauchweh hat. Geschichten und Lieder zum Gesundwerden, hrsg. v. Detlev Jöcker, Münster, Menschenkinder Verlag, 1995.

Broich, Josef: Seniorenspiele. Über einhundert neue Gruppenspiele mit Bewegung, Kontakt, Vergnügen, Köln, Maternus , 1997.

Bucher, Walter (Hrsg.): 1010 Spiel- und Übungsformen für Behinderte (und Nichtbehinderte), 2. Auflage, Schorndorf, Verlag Karl Hoffmann, 1989.

Bundesjugendwerk der Arbeiterwohlfahrt (Hrsg.): Praxismappe – Spiele für Kinder, Jugendliche und Erwachsene, Bonn 1982.

C

Claudius, Christel: Freundschaftsbänder, Saarbrücken, Fleurus Verlag, 1999.

Cratzius, Barbara: Gute Besserung! Spiele, Rätsel, Spaßgeschichten: Zeitvertreib für kranke Kinder, Reinbek, Rowohlt ,1990.

E

Evers, Magrit: Geselligkeit mit Senioren. Wahrnehmen, Gestalten, Bewegen, hrsg. v. Peter Thiesen, Weinheim, Beltz, 1994.

G

Gebrüder Grimm: Märchen der Gebrüder Grimm, München, Droemersche Verlagsanstalt Th. Knaur, 1999.

Grüssner, Manfred: Puppenspiel, hrsg. v. Albert Mühldorfer, Regensburg, Wolf, 1994.

H

Hainstock, Elisabeth: Montessori zu Hause. Die Vorschuljahre, Freiburg, Hyperion, 1971.

Halbig, Johannes/Wehnert, Reinhard: Mit behinderten Menschen spielen, Mainz, Matthias-Grünewald-Verlag, 2002.

Halbig, Johannes/Wehnert, Reinhardt: Spielwiese 2. Wahrnehmungsspiele, Darstellungsspiele, Schreibspiele, Erzählspiele, Mainz, Matthias-Grünewald-Verlag, 1997.

Häußler, Helmut (Hrsg.): Draußen aktiv. 39 Outdoorspiele für die Jugendarbeit. Gießen und Basel, Brunnen, 1996.

Hoffmann, Andreas: 77 Ichwerdeschnellgesund-Spiele. In 5 Minuten die tollsten Spiele vorbereiten, Hamburg, Companions, 1999 .

Horak, Sylvia: Spielen mit den Allerkleinsten. Vom Baby- bis zum Kindergartenalter, Niedernhausen/Ts. Falken, 1993.

K

Kersten, Ralph: Schwarzes Theater, 2. Auflage, Frankfurt (Main), Nold, 1996.

Krenzer, Rolf: Feste und Feiern mit Behinderten, Staufen/Breisgau, Kemper Verlag, 1974.

Krenzer, Rolf: Spiele mit behinderten Kindern I, 5. Auflage, Lahr, Verlag Ernst Kaufmann, 1983.

Krenzer, Rolf: Spiele mit behinderten Kindern II, Staufen/Breisgau, Kemper Verlag, 1981.

Krenzer, Rolf: Spieltherapeutisches Märchenbuch für Geistigbehinderte, Bonn-Bad Godesberg, Rehabilitationsverlag,1977.

L

Lübben-Chambi, Regine: Kinder spielen für ihr Leben gern. Wie ihr Kind beim Spielen alles lernt, was es braucht, Wuppertal/Kassel, Oncken, 2001.

O

Oy, Clara Maria von/Sagi, Alexander (Hrsg.): Montessori-Material zur Förderung des entwicklungsgestörten und des behinderten Kindes, Arbeitshefte zur heilpädagogischen Übungsbehandlung, Band 3, 2. Auflage, Heidelberg, Edition Schindele, 1993.

R

Rooyackers, Paul: 100 Spiele mit Sprache für Unterricht und Jugendarbeit, Seelze, Kallmeyer, 1998.

S

Singerhoff, Lorelies/Stiefenhofer, Martin: Finger- und Bewegungsspiele für Krippenkinder, Freiburg, Herder, 2004.

T

Thiesen, Peter: Arbeitsbuch Spiel. Für die Praxis in Kindergarten, Hort, Heim und Kindergruppe, 5. Auflage, Troisdorf, Bildungsverlag EINS, 2001.

Thiesen, Peter: Drauflosspieltheater. Ein Spiel- und Ideenbuch für Kindergruppen, Schule und Familie, Weinheim, Beltz, 1994.

Thiesen, Peter: Kreatives Spiel mit Kindern, Jugendlichen und Erwachsenen, Troisdorf, Bildungsverlag EINS, 1995.

Thiesen, Peter: Konzentrationsspiele für Kindergarten und Hort. Lebendige Förderung ohne Dressur und Stress, 2. Auflage, Freiburg, Lambertus, 1994.

Thiesen, Peter: Schönwetterspiele. Praxis des Spiels im Freien mit 3- 7jährigen, Freiburg, Lambertus, 1986.

V

Vohland, Ulrich: Let's fetz in der Bude. Spiele für Kinder- und Jugendgruppen, Mainz, Matthias-Grünewald-Verlag, 1998.

W

Wege, Brigitte vom/Wessel, Mechthild: Spielen im Beruf Extra. Kreative Kinderspiele, Troisdorf, Bildungsverlag EINS, 2001.

Wehner,Marliese/Poll, Wilfried: Spiel dich gesund. Ein Spaß- und Unterhaltungsbuch für kranke Kinder, Frankfurt am Main, Aare Verlag, 1998.

Wehnert, Reinhard: Theaterarbeit mit Menschen mit Behinderungen, in: Praxis, Spiel und Gruppe, Zeitschrift für Gruppearbeit – Behinderung, Heft 1, März 2003.

Wilcox, Carol: Spiele für körperbehinderte Kinder. Ein praktischer Weg zur Integration, Reinbek, Rowohlt, 1991.

Wilmes-Mielenhausen, Brigitte: Schmuse- und Bewegungsspiele. Ganzheitliche Sinneserfahrung für die Kleinsten, Freiburg, Herder, 1996.

Wilken, Hedwig: Bewegen und Begegnen im Alter. Spiele für Senioren, Münster, Ökotopia, 1995.

Wodzicki, Thomas: Mit den eigenen Erfahrungen spielen. Schattentheater mit geistig behinderten Jugendlichen, in: Gruppe und Spiel, Zeitschrift für kreative Gruppenarbeit – Schattenspiele und Schwarzlichttheater, Heft 4, 2000.

Woesler, Dietmar M.: Spiele, Feste, Gruppenprogramme, Frankfurt am Main, Fischer, 1978.

Bildquellenverzeichnis

Marzanna Syncerz/Fotolia.com, Umschlag

Bildungsverlag EINS, Troisdorf/Angelika Brauner, Hohenpeißenberg, S. 21 (oben), 52, 53, 54, 85

Bildungsverlag EINS, Troisdorf/Oliver Wetterauer, Stuttgart, S. 7, 12, 15, 17, 18, 24, 30, 33, 36, 42, 44, 46, 48, 59, 61, 65, 67 (oben), 71, 74, 77, 81, 83, 84 (oben), 87, 88, 89, 94, 98, 100, 101, 104, 118 (unten), 132, 135, 136, 139, 141, 142, 144

Die Abbildungen auf den Seiten 19, 20, 21 (unten), 27, 49, 50, 51, 60, 84 (unten), 86, 105, 112, 114, 118 (oben), 120, 121 und 123 wurden freundlicherweise von unserer Autorin Frau Andrea Wilmes zur Verfügung gestellt.

MEV Verlag GmbH, Stuttgart, S. 67 (unten), 129

Nienhuis B.V., Zelhem (Niederlande), www.nienhuis.com, S. 105

Amigo-Spiel + Freizeit GmbH, Dietzenbach, S. 109

Schmidt Spiele, S. 110

CD-ROM

Bildungsverlag EINS, Troisdorf /Angelika Brauner: S. 1, 2, 3, 4, 35, 36, 38, 39, 40, 41

Bildungsverlag EINS, Troisdorf/Oliver Wetterauer: S. 33 (alle), 34 (alle), 37, 47 (alle)

Register

Was ist auf der CD?

Auf der beiliegenden CD-ROM befinden sich alle Mal-, Bastel- und Spielvorlagen, auf die im Buch hingewiesen wird (CD-ROM-Zeichen) sowie die Noten zu den Spielliedern und Liedern, deren Abdruck den Rahmen dieses Buches gesprengt hätte. Auch hierzu finden Sie im Buch die entsprechenden Hinweiszeichen (CD-ROM-Zeichen + ♬).
Es wird empfohlen, insbesondere die Noten der bei Ihren Kindern sehr beliebten Spiellieder und Lieder insgesamt auszudrucken und in die eigene Spielmappe zu heften, damit die Melodie im Bedarfsfall schnell wieder präsent ist, wenn sie kurz mit einem Instrument angespielt wird.

Wie startet die CD?

Die CD ist mit einer Autorun-Funktion versehen, die nach Einlegen der CD automatisch die CD startet. Wenn an Ihrem PC die Autorun-Funktion deaktiviert ist, können Sie im „Arbeitsplatz" auf das CD/DVD-Laufwerksymbol doppelklicken und dann die Datei „index.html" doppelklicken. Nach dem Start der CD gelangen Sie zum Hauptmenü der CD. Über das Inhaltsverzeichnis können Sie die einzelnen Seiten ansteuern.

Zum Betrachten der Arbeitsmaterialien wird der Acrobat® Reader® benötigt. Sollte der Acrobat® Reader® auf Ihrem PC noch nicht installiert sein, finden Sie diesen im Ordner „Acrobat" auf der CD.
Wechseln Sie in den Windows-Explorer und führen Sie dort die Datei „AcroReader51_DEU_full_exe" aus. Bitte folgen Sie den Anweisungen auf dem Bildschirm.

Alle Informationen und Materialien öffnen sich in einem neuen Fenster, das anschließend geschlossen werden kann, ohne die Benutzeroberfläche verlassen zu müssen.